国際法で読み解く
世界史の真実

倉山 満
Kurayama Mitsuru

PHP新書

はじめに

「人を殺してはいけません。ましてや、惨《むご》たらしく人を殺してはいけません」――われわれ日本人にとっては、当たり前すぎる常識である。

しかし、この思想が人類の多数派になったのは、たかだか数百年のことにすぎない。そして、この思想が人類の多数派になっていく過程で、どれほどの年月がかかり、おびただしい血が流されてきたことか。

人を殺してはならない。ましてや惨たらしく人を殺してはならない。この思想が実現された国を文明国と呼ぶ。

ならば、文明国は非文明国に対して何をしてもいいのか。白人たちは、構わないと考えた。

十九世紀、欧州列強は世界を席巻し、有色人種を支配していく。彼らの武器は、鉄と金と紙だった。鉄とは軍事力、金とは経済力の謂《いい》である。では、紙とは何か。

白人たちが有色人種を支配していく際、しばしば「お前たちは文明人ではない」「文明人ではないお前たちの法には従えない」との因縁をつけたうえで、最後は軍事力で支配した。

では、文明とは何なのか。彼らは、キリスト教徒だけの、あるいは白人の間の法だと意識していた。それでいて彼らは、非キリスト教徒にも有色人種にも自分たちの文明を押しつけた。つまり、文明は支配の道具だった。

その文明とは、「人を殺してはならない。ましてや惨たらしく人を殺してはならない」を立脚点とする法の体系である。そして、文明国の間の法を、文明を文明たらしめる法を、文明を守るための法を、「国際法」と呼んだ。

白人は、国際法を世界中に押しつけ、押し広めていった。最初はヨーロッパ諸国の法にすぎなかった国際法が、文字通り地球全体で通じる国際法となった。

わが日本国も例外ではない。幕末の不平等条約がまさにそれだった。日本は白人の作った法体系に組み込まれた。

「お前たちのような非文明国の法に従えるか」

白人たちの因縁の前に江戸幕府は屈する。明治政府は、この押しつけられた不平等条約を撥ね返すことを最重要課題とした。

この時代、力なき者は、強い者に飲み込まれるのみ。地球全体が戦国時代なのである。明治の日本人は鉄と金と紙のすべての面で、生き残ろうと努力した。

富国強兵により経済力を蓄え、日清、日露戦争の勝利で軍事力を示した。そして、国内においては帝国憲法を頂点とする法体系の整備に努めるのみならず、国際法を遵守する模範生として振る舞った。

明治四十四年（一九一一年）、悲願の条約改正を達成した。このとき、大日本帝国は名実ともに文明国となった。日清、日露戦争に勝利した物質面とともに、文明国として認めさせようとした国際法の模範生としての面も強調されて然るべきだろう。

明治を代表する知識人である中江兆民の代表的著作に『三酔人経綸問答』がある。同書は国際社会における国際法の役割を説いたという意味でも、興味深い。

同書は三人の酔人の議論により構成される。国際社会には国際法があり、日本はこの国際法を国内法の如く遵守せよといわんばかりに崇拝する〝洋学紳士君〟。国際社会においては力と権謀術策がすべてであり、国際法など何の役にも立たないと主張する〝豪傑君〟。国際社会においては、力と国際法の中庸が肝要であると説く〝南海先生〟。

あまりの現代的意義に驚かされる。もっとも、現代日本では〝洋学紳士君〟と〝豪傑君〟しか見かけないが。だから、明治よりも現代日本のほうが劣化しているのではないかと頭を抱えたくなる。

国際法は崇拝すべきか。それとも無視すべきか。

いずれも誤りと思う。その理由は、本書で縷々《るる》説明する。

本書は、国際法を通じて世界史を読み解く。このような試みが、なぜなかったのだろうかと不思議に思う。

明治日本は、なぜ地球上で誰にも媚びない文明国として生存することができたのか。

昭和の日本とナチスドイツは、何がどう違うのか。

現代、「戦争」を廃止することによって、よりいっそう残虐な紛争が続発しているのはどうしてなのか。

世界の歴史を通観していると、多くの疑問に出会う。

しかし、国際法を通じて読み解くと、疑問への答えに辿りつくだろう。

国際法は、すべての謎を解く最強の武器なのである。

日本が地球上で文明国として生きるために、本書では国際法について解説したいと思う。

国際法で読み解く世界史の真実

目次

第❷章　武器使用マニュアルとしての「用語集」

第4章　国際法を使いこなした明治日本、破壊したウィルソン

第5章 満洲事変とナチス・ドイツを一緒くたにする愚

第6章 「戦争がない世界」は夢か欺瞞か

第1章　国際法で読む国別「傾向と対策」

1　日本の常識は世界の非常識

人類史で最も重要な年号は？

一六四八年、ウエストファリア条約。

人類史で最も重要な年号を挙げよといわれたら、私は迷うことなく、これを挙げます。

ウエストファリア条約とは、一六一八年からヨーロッパ全土を巻き込んで戦われた三十年戦争の講和条約です。国際法はウエストファリア条約から始まり、今に至ります。この秩序を「ウエストファリア体制」ともいいます。いわば、現代国際社会は今もウエストファリア体制なのです。

だから、国際法の教科書は「ウエストファリア条約」の紹介から始まります。ここから始めない教科書はまがい物と思ってください。

三十年戦争は、ヨーロッパで戦われた最後の宗教戦争です。カトリックとプロテスタントの血で血を洗う戦いが、断続的に三十年間続きました。カトリックのハプスブルク家がプロテスタントを弾圧したことをきっかけに始まりましたが、デンマークやスウェーデンなどヨーロッパ各国が次々と参戦して破壊、掠奪、虐殺が繰り返され、今のドイツにあたる地方では人口の四分の一が消滅したといわれています。

このあまりに凄惨な戦いの最中、オランダの法学者フーゴー・グロチウスが、『戦争と平和の法』なる書物を著わします。グロチウスの主張は、「戦争に善いも悪いもない。だからこそ戦争にも守るべき法がある」というものでした。

この考えに基づいて、グロチウスは三つの法則を提唱します。

第一は、「世の中の状態には戦争と平和の区別がある」。
第二は、「戦時において味方と敵と中立国の区別がある」。
第三は、「戦時において戦闘員と非戦闘員の区別がある」。

現代に生きるわれわれには、当たり前のことに見えるかもしれません。しかし、これすら当たり前でなかったから、各国が打算と怨念で入り乱れ、相手が滅びるまで延々と戦いが続けられ、民衆を巻き込んで掠奪と殺戮が止まらない、何でもありの仁義なき殺し合いが続いたのです。十字軍や魔女狩りなどは、本当に相手を皆殺しにするまで終わりませんでした。

グロチウスの目的は、「『戦争』を無法で残忍な殺し合いから、ルールに基づく決闘に変える」ことでした。この思想は、戦いに倦《う》んだ各国の支配層（貴族たち）に受け入れられ、国際法として確立していきます。

戦争そのものには善悪の区別はない

この国際法確立の歴史的なプロセスとその意味については、第3章で詳述します。まず、ここで押さえておいていただきたいポイントは、今述べたように、戦争を「無法で残忍な殺し合い」から「ルールに基づく決闘」に変えたということです。

「戦争をなくす」のではありません。「戦争をなくす」と唱えさえすれば戦争がなくなるなどという考えは、人類の少数派です。そんなことは夢想にすぎないとわかっている常識人が、世界の大勢だからです。

世の中は、キレイごとで済むものではありません。好むと好まざるとにかかわらず、国際社会においては、自国の権利は戦い取らなくてはいけないのです。戦争も人殺しもなくなりません。だからこそ戦いのルールを決めよう、というのが国際法の発想なのです。

ここで重要になるのが、「戦争そのものには善悪の区別はない」と認識することです。

考えてみてください。三十年戦争は、カトリックとプロテスタントが「相手は悪魔だ」などと考えて戦ったから、残酷で悲惨になったのです。相手が「絶対的な悪」で、自分たちが「絶対的な善」だなどと考えたら、そこにはルールも赦しもなく、相手を滅ぼすまで戦い続けなければなりません。ゴキブリ相手にルールなんか考えないのと同じです。しかしゴキブリに殺虫剤を浴びせるのと、人間に毒ガスをかがせるのは話が違います。

グロチウスが説いた「戦争にもルールがある」を、現代日本人にわかる表現でいうと、「人間をゴキブリホイホイに閉じ込めて、キンチョールで殺したらダメだろ！」です。

国際法は、無意味な殺傷、不必要な残虐行為をやめさせようとの発想に立ちます。

そこで登場した考え方が、「戦争とは、国家と国家による決闘である」との考え方です。決闘は単なる喧嘩ではないので、ルールがあります。グロチウスの意図は、そのルールを整備しようというところにあります。

そもそも「決闘」とは、「どちらの主張が認められるかは、ルールに基づき正々堂々と戦って決着をつける」というものです。決着は「善悪」でつけるのではありません。善悪を言い出したら、決闘で負けた者が「それでも自分が正義だ」などと言い出して収拾がつかなくなります。

すべてのことに裏と表があり、すべてのことに善悪があります。どの角度から見るかで、物事の評価は一変します。大抵のことは正当化しようとすればできますし、逆に、どんなことだって貶めようと思えば、いくらでも貶めることができます。

だからこそ、「戦争」を「善悪」から切り離さなければいけないのです。

かつて私は国際社会で生き残るには以下のことを守らなければならないと書きました（『常識から疑え！　山川日本史』ヒカルランド、二〇一三年）。

第一は、「疑わしきは自国に有利に」。

第二は、「本当に悪いことをしたらなおさら自己正当化せよ」。

第三は、「やってもいないことを謝るな」。

とある書評で「すごいことを書く人がいるものだ」と驚かれたのですが、逆に私のほうが意外でした。

日本人は「戦争に負けたら潔く、言い訳をしない」を旨とします。現に敗戦後二十年、当時の記憶が鮮明だった時代に多くの人がそうした態度を貫きました。それは日本的な美風かもしれませんが、国際常識とは著しく乖離しています。もちろん「戦争そのものが悪だ。戦争をした日本自体が悪なのだ」は論外です。

人間と違い、国家には寿命がありません。だから、国家が存続するかぎり戦い続けなければいけないのです。仮に戦争に負けたとしたら、領土を割譲し賠償金を支払ったとしても、絶対に心を売り渡してはいけない。

「お前はこんな悪人だ」といわれて、反論をするどころか「ゴメンナサイ、ゴメンナサイ、すべて私が悪うございました」などと泣きべそをかくような国は、未来永劫、いじめられっ子のままでしょう。「戦争に負けたこと＝悪」では決してないのです。だからこそ、世界の各国は「疑わしきは自国に有利に」「本当に悪いことをしたらなおさら自己正当化せよ」「やってもいないことを謝るな」という原則通りに行動します。これは善し悪しを超えて、「当たり前」としかいいようがありません。

ところが、現代の日本は、この国際法の三つの常識がすべて逆転している国です。

第一に「疑わしきは自国に有利に」をやりません。

第二に「本当に悪いことをしたらなおさら自己正当化せよ」は、保守派の人間すらやりません。たとえば、「南京大虐殺なんて本当にやっていたなら謝ってやる」と保守派の集会で絶叫していた先生がいましたが、本当にやったなら、なおさら謝ってはいけないということがわかっていないということです。

しかも、第三の「やってもいないことを謝るな」に反して、自分たちで勝手に罪をデッチ上げて、それを謝ることを商売にしている人たちすらいる始末です。

これでは、勝てるわけがありません。

2 アメリカの常識はもっと非常識

リンカーンの歴史改竄

日本がいかに国際法の素養がないか、という話をしてきましたが、では、他の国はどうでしょうか。

まず、アメリカです。結論を先にいえば、アメリカという国は、日本以上に本能的に国際法を理解できない国です。そのことがいかに大きな歴史的悲劇を招いたかは、これから本書で存分に見ていきますが、最初に、その「さわり」だけを紹介することにしましょう。

ジョージ・ウォーカー・ブッシュ大統領が、二〇〇一年の九・一一テロ直後に合衆国議会上下両院で演説を行ない、次のように語っています。

「九月十一日、自由の敵はわが国に対し戦争をしかけてきた。アメリカ人は戦争を経験してきているが、一九四一年の日曜日のたった一つの例外を除き、過去一三六年間それは外国の地でのことだった」

うっかりすると見落としてしまいますが、この発言には、二つのおかしな点があります。

一つは、一八一四年の英米戦争をなかったことにしていることです。この戦争で、アメリカは大英帝国に大統領官邸を焼き討ちされました。このとき、大統領官邸を白く塗り替えて以来、大統領官邸はホワイトハウスと呼ばれるようになったはずなのですが。

そして、もう一つは、建国以来のアメリカの歴史を一八六五年（二〇〇一年から一三六年を引く）以降としていることです。実は、これこそアメリカが本能的に国際法を理解できなくなる原体験です。

アメリカの独立は一七八三年のパリ条約で承認されました。当時のアメリカの実態は今でいうＥＵと同じ「国家連合」です。まさにアメリカの各州が連合した「United States（合州国)」です。各州には連邦離脱権が認められていました。初代大統領ジョージ・ワシントンのときのアメリカ憲法は、いわば「EU憲法的条約」のようなものでした。ワシントンは「EU議長」です。当時の President は文字通り議長、アメリカ憲法は名前こそ「憲法」ですが、実態は国際法だったのです。

ところが、一八六一年に始まった南北戦争は、奴隷制をめぐる対立から、南東部の州が独立して「アメリカ連合国」の建国を宣言したことから始まります。時系列は逆になりますが、ソビエト連邦が崩壊したときと同じことが起きようとしたのです。リンカーンは後のゴルバチョフのようになりたくないので南北戦争を起こしたといってもよいでしょう。

南北戦争が北部の勝利で終わり、南東部のアメリカ連合国を併合したとき、リンカーンは連邦離脱権など最初からなかったことにしました。歴史改竄です。しかし、そうしないと、国際法的に見たときに、南北戦争は独立した対等の国どうしの「戦争」となり、勝利した北部が南東部にしたことは「侵略」になってしまいます。南北戦争はあくまで「内戦」であり、戦後の北部が南東部に行なった「占領政策」は「国内政策」である必要がありました。アメリカにとって、南東部のアメリカ連合国が対等な交渉相手の「国」であったことなど、未来永劫、認められないことになったのです。

日本語でこそ南北「戦争」などと北部のアメリカ合衆国と南部のアメリカ連合国を対等に扱っていますが、英語は Civil War（内戦）です。南部は犯罪者にすぎないのです。だから、国際法は適用しなくていいとする理屈であり、主権国家相手にやったら国際法違反になるような占領政策を、「これは国内の話なので」で押し通しているのです。

ちなみに、奴隷制度がいかに悪辣《あくらつ》な制度であっても、それ自体を理由に外国を併合することは国際法違反です。せいぜい保障占領までしか許されません。アメリカ連合国を「国」と認めてしまえば、奴隷制を廃止した瞬間に合衆国の軍隊は引き揚げねばなりません。それはリンカーンにとって許容できない話でした。

ジョージ・ワシントンのときには「国際法」的なものだったアメリカ憲法は、リンカーン以来、なし崩し的に連邦法という「国内法」になりました。そんないわくつきの南北戦争の終結が、まさにブッシュ大統領の言及した「一八六五年」なのです。

建国以来の歴史を塗り替え、なかったことにするといういい加減さが、アメリカ人に国際法と国内法（連邦法）の区別をできなくしているといっても過言ではないでしょう。

「アメリカは野蛮国だ」と表明してしまった副大統領

さらに、平成二十八年（二〇一六年）八月十五日には、バイデン副大統領が驚くべき発言をしています。「日本国憲法はアメリカが作った」と言い放ったのです。民主党大統領候補のヒラリー・クリントンを応援する演説の中での発言ですが、アメリカ合衆国副大統領たるバイデンが、自ら、「アメリカは一九〇七年のハーグ陸戦法規に一〇〇パーセント違反した野蛮国である」ということを認めたことになります。たぶん、バイデン君は自分のいっていることがわかっていなかったでしょうが。「占領者は絶対的な支障がないかぎり、占領地の現行法律を尊重しなければならない」というこの条約は、「文明」として確立してきた慣習を確認するために成文化したものです。調印して初めて守る義務が生じるのではなく、条約があってもなくても、調印していてもしていなくても守らなければならないことなのです。

日本を占領した当時のＧＨＱは、それを理解していたので「日本側が自発的に言い出した」という体裁にこだわりました。ＧＨＱには「まだ」国際法（ハーグ陸戦法規）の意識があったわけです。

「歴代最悪の国防長官」と酷評されるラムズフェルドは、二〇〇一年九・一一テロの後のアフガン侵攻のとき、ジュネーブ条約を脱退したいと口にしたそうです。ジュネーブ条約とは、捕虜の待遇改善のための国際条約です。ラムズフェルドは捕虜をアメリカの国内法で裁くには、ジュネーブ条約が足枷になるとでも考えたのでしょうか。

ジュネーブ条約も前述のハーグ陸戦法規と同じく、確立された国際慣習法をあえて確認のために文字にしたものなので、脱退を宣言した瞬間、文明国ではないというそしりを受けることになります。これまで説明してきたように、国際法の理解がないというのは、歴史、文明が理解できないことを意味するからです。

さすがのラムズフェルドも、「国際社会で極悪人国家となります。自ら犯罪国家を宣言するようなものですが、それでも脱退しますか」と側近に説得されたので、ジュネーブ条約からの脱退を思いとどまったそうです。

ちなみに、捕虜をアメリカの国内法で裁くとしても、アメリカの刑事訴訟法は煩雑にできています。まず立ちはだかるのは、映画などでもよく出てくる「ミランダ警告」を何語でやるのかという問題でしょう。「ミランダ警告」とは、黙秘権があること、供述が法廷で不利な証拠に用いられることがあること、弁護士の立ち合いを求める権利があること、自分で経済力がなければ公選弁護人をつけることができること、この四項目の告知を行なうことをいいます。これを行なっていない状態での供述は公判で証拠として用いることができません。

さて、ラムズフェルドは捕虜への尋問をどうするつもりだったのでしょう。

ところで、「アメリカは野蛮国だ」と表明してしまったバイデン発言の三カ月前、五月二十七日にバラク・オバマ大統領が現職大統領として初めて被爆地・広島を訪問しました。アメリカの原爆投下について謝罪を行なうかが注目されましたが、結局、謝罪はしませんでした。「悪いことをしたらなおさら自己正当化せよ」を貫いたわけです。

この原爆投下も含め、現代に至るまで、アメリカは国際法違反の常習国であることも、忘れるべきではないでしょう。

3 中国の常識は、さらに非常識

力がすべて、とことん出し抜け

次に中国について見てみましょう。

中国を理解するには、この国が「力がすべて」の国であることを忘れてはなりません。歴史を好き勝手に書くことができるのが、最終的な政治の勝者の特権です。

中国では、疑わしいかどうかなど関係なく、まず自分（自国）に有利にするのが当たり前です。彼らにとって、真実というのは政治の武器の一部にすぎません。中国の町中の路上で、延々と自分の主張をまげずに喧嘩をしている庶民の姿が紹介されることがありますが、かの国では日常生活からして、下手に真実がこうだと認めたら負けなのです。

南京大虐殺など、中国との歴史戦に日本がなかなか太刀打ちできないのは、保守を含めて、ほとんどの良識的な日本人が、「真実が絶対だ」「真実を明らかにさえすればいい」という真実至上主義を根強く信奉しているからでしょう。もちろん、日本人どうしならほとんどの場合、「真実」が明らかになれば物事は決着するでしょう。しかし、中国人にとっては、力がすべてで、真実も単なる武器の一つなのです。力のない者が真実をいったところで、気にも留めません。

とはいえ、中国だけが特殊なのではありません。中国が図抜けているとはいえ、他の国も程度は違えど、似たりよったりなのです。

ヨーロッパの某超名門大学の教授が国際法の講義で、学生にこういったそうです。

「ほら、わが国はこんな酷いことやっているだろう。どう見ても酷いだろう。それをお国のために正当化するのが君たちの学問なんだよ。君たちの仕事になるんだよ」

そこに、たまたま一人だけ日本人がいたそうですが、某国の大学院生は全員が「教授、何をいまさら当たり前のことを」という顔をして聞いていたそうです。

「本当に悪いことをしたらなおさら自己正当化せよ」という原則からもわかるように、「正当化」が国際法という学問の仕事になることもあるのです。

南シナ海の問題でも中国はダブルスタンダードであろうがなかろうが、普通に自国の都合を押し出します。とりあえず主張して通ればいいし、負けたらいったん引いて力をつければいいので、ここでも真実はまったく関係ありません。

端的にいえば、伝統的に中国には「法」という概念がありません。「法」という文字がいわゆる「法律」を指す名詞に用いられるようになったのは最近のことです。書や儀礼の標準的なもの、倣うもののことを意味し、仏法や道教の術を指します。韓非子などは法を「権力者の命令」の意味で使っています。近代国家での意味と真逆です。中国人にとって「法」とは「強い者が弱い者に守らせる道具」くらいの意味しかありませんので、「自分を律する、縛る」どころか、出し抜くことしか考えないのです。

国際法だって中国人にとっては、こういう意味での「法」です。心してかからないと、初手から間違うでしょう。

4　韓国は「法」も「基本的人権」も理解できない

文明国ではありえない事件

さて、日本に対する「歴史戦」といえば、中国と並んで韓国ですが、この国も中国と同じく「法」とは何たるかを理解できない国です。

以前、韓国の内閣法制局のようなところとカンファレンスをする機会があり、私は「なぜ韓国大統領は五年間も独裁者でいられるのか」と聞いたことがあります。すると、「『大統領の統治行為論』というものがあるからだ」という答えが返ってきました。何をやっても大統領の統治行為だから、韓国の最高裁は関わってはいけないという、どこかで聞いたような答えです。どこの日本国憲法でしょうか。

韓国は、こちら側には論理がよくわからない意味不明でヒステリックな議論をしかけてくる傾向があります。こういう人とは友達をやめるか、無視するのが一番なのですが、隣国なので、距離を置きたくても引っ越せないという困った事情があります。

一般社会でも、同じような傾向の精神状態の人たちがいますが、そういう人は怖い相手のところには寄ってこないし、何か甘えさせてくれる人を餌食にするところがあります。そういう人に一度でも、「ああ、この人は自分の相手をしてくれる」と思われたらアウトだそうです。恐ろしいことです。

振り返ってみると、日本がバブルで経済が強かったときの韓国は、慰安婦問題のことなど触れもしませんでした。今でも韓国国内が経済危機になると、慰安婦問題が一時的に静かになることがあります。特に、日本の援助が欲しいときなど。慰安婦問題の解決の近道は、日本がいち早くデフレを脱却して経済力をつけることではないかと思えてなりません。

平成二十六年（二〇一四年）の「産経新聞加藤記者事件」は「言論の自由」に対する挑戦そのものでした。同年、韓国のフェリー・セウォル号が転覆して韓国の高校生ら二九五人が死亡し、九人が行方不明になるという大惨事が起きましたが、その事故の当日、朴槿恵大統領が補佐官と密会したという風評が立ち、その噂について『朝鮮日報』などが報じていました。そのことを、産経新聞の加藤達也記者が「朝鮮日報がこう書いている」と報じたところ、なんとソウル中央地検が加藤記者を出国禁止処分にし、名誉毀損罪で起訴したのです。

韓国の新聞が報じていることを紹介したら韓国から名誉毀損で訴えられるという、まったく、わけのわからない仕打ちです。加藤記者は九カ月もの長期間、出国を禁止されます。ここまで筋の通らない罪状で外国の新聞社の表現の自由を侵犯するなど、少なくとも自由主義陣営と称される文明国ではありえないことです。

「表現の自由」は、「人を殺してはいけません」と並べてもおかしくないほど基本的な人権です。韓国は自らの行為で、自分たちがそんな基本的な人権すら理解できない国であることを全世界に知らしめてしまいました。

結果として、出国禁止処分が出されてから十七カ月後に、加藤記者は無罪となりましたが、逮捕から起訴への流れが無茶苦茶なら、それから無罪に至る過程も無茶苦茶でした。明らかに政治解決の匂いがします。仮に日本の安倍政権が圧力をかけて妥協させたのだとしたらなおのこと、韓国は「法を理解できない、おかしな国」であることを疑う余地はありません。

ここまでくると、朴正熙、全斗煥のときの軍事政権のときのように「軍法を徹底する」という意識があるときのほうが、逆に法の支配が守られていたのではないか、とさえいってあげたくなります。最近、どんどん劣化が激しくなっていて、日本の政治の劣化の比ではありません。

5 北朝鮮を理解したければ『仁義なき戦い』に学べ

ヤクザはなぜ仁義を守るのか

日本は、北朝鮮のことを「気が狂っている」と思っています。

しかし、国際社会では日本のほうが「頭のおかしい国」です。理由は簡単です。北朝鮮は生存に成功しています。しかも、どさくさにまぎれて核武装にまで成功しています。世界中で反米国家のサダム・フセインやカダフィーが非業の最期を遂げていく中、金正日だけは逃げ切ってみせました。実に合理的な国です。

北朝鮮の目的は「体制の生存」です。その最大の武器が「俺は狂っていると思わせること」なのです。「何をしでかすかわからない。世界から除け者の、おかしな国家だ」などといって、日本は溜飲を下げていますが、北朝鮮にとってはそう思われることが武器なのですから「あいつら狂ってる」というのは悪口にすらなっていません。だからといって、もっと酷い言葉を投げかけようものなら、「こんな屈辱的なことをいわれた」「六カ国協議から外せ」などと揚げ足を取る好機を与えるだけです。

日本の論者の発言がどんなに北朝鮮を喜ばせていたかは、国際法を踏まえると、よく見えてくるようになります。

もちろん、北朝鮮の人間すべてが国際法を理解しているわけではありません。しかし、北朝鮮を動かしているエリートの中には、本書に書いてあることを十二分にわかっている人間が絶対にいます。でなければ、こうはなりません。

中国にしても北朝鮮にしても、国際法を「仁義」だと思っています。ここでいう「仁義」とは、深作欣二監督・菅原文太主演の名作『仁義なき戦い』が描く仁義と同じだと思ってください。

ヤクザはなぜ仁義を守るのか。自分が制裁される口実にされるのを嫌がるからです。著述家の兵頭二十八さんは「中国は条約は守らないが、密約は絶対守る」と指摘していますが、蓋《けだ》し名言です。

中国も、韓国も、北朝鮮も、法という概念を理解していません。彼らにとって、条約であっても「仁義」でないならただの紙切れにすぎません。しかし、条約でも「仁義」と化しているものは、中国にしても北朝鮮にしても守るのです。

滅茶苦茶さを武器にする

「条約は破られるまでが条約だ」という言葉があります。国際法の性質をよく表した言葉です。国際法というのは、刑法や民法などの国内法とは、発想がまったく異なります。

多くの国は国内法の発想で憲法を作ります。仮に憲法違反があったとしても、そのことで憲法自体が無効になるわけではなく、問題は憲法違反になった法律や事例のほうであると考えるわけです。

条約の発想＝国際法で憲法を作っているのは、世界で唯一イギリスだけです。イギリスには「選挙で勝てば何をやってもいい」というところがありますが、それこそ、憲法体系が条約の発想で作られていることの裏返しです。アイバー・ジェニングスが「国際法の裏づけは軍事力である。憲法の裏づけは総選挙によって示された国民世論である」といっていますが、それはまさにイギリス憲法そのものです。

金正日が国際法を体系的に学んだかどうかはともかく、そういうものが国際社会で自分が生き抜くための武器であることは理解していたはずです。中国も北朝鮮も韓国も、法の概念を理解することはできなくても、国際法が持つ「仁義」の性格は理解できるので、それに倣うことはできるわけです。

ちなみに、中国以上に旧ソ連がやたらこだわっていたのも、その点でした。後述しますが、ソ連やロシアは国際法を理解して破る国です。北朝鮮は、中国よりもソ連の影響を強く受けた国です。

ミサイルの発射実験を例に挙げましょう。

北朝鮮としては、一応、事前通告をしているつもりです。日本の領空を通過させず、領空の「上」を通しています。

一方的に通告したものを相手が合意したとみなすというのは国際法ではありえません。「法」というものの概念はないので、こういうところは滅茶苦茶です。むしろ、その滅茶苦茶さを武器にしています。しょせんヤクザですから、それだけだと行動が読まれてしまうので、狂ったふりもするのです。「ウチは仁義を大切にする国じゃけぇ」といいながら、「中には跳ねっ返りもいて、私にも押さえが効かんのよ」とやる。北朝鮮を理解したかったら、菅原文太の『仁義なき戦い』に学べ、です。

しかし、近年になり、北朝鮮は核を持ちました。こうなると、本当に歯車が狂ったときの対策を立てなければなりません。日本は拉致問題も含め、せめて北朝鮮くらいは独自で対抗できるようにならないといけません。

6 ロシアは国際法を理解して破る

国際法を使いこなしたスターリン

昔、防衛研究所で、かつて日本軍が入手して翻訳された赤軍の教科書を読んだことがあります。毒ガスの使い方が書いてありましたが、どのように書かれていたか。「敵はこういうふうに残虐なことをやるから気をつけろ」という内容が記されていたのです。こういう書き方をして残虐な戦い方を教えるなんて、あまりにロシア人らしいので、思わず絶句してしまいました。

昭和二十年（一九四五年）八月、ソ連は一方的に日ソ中立条約を破り、対日参戦しましたが、その際に理由づけに用いたのは、昭和十六年（一九四一年）七月に日本軍が行なった関東軍特種演習（以下略称「関特演」）でした。関特演とは日本軍が行なった対ソビエト連邦作戦準備のことです。ソ連は、言うに事欠いて「関特演によって日ソ中立条約は事実上破棄されたに等しいから、参戦は正当だ」と主張したのです。一九四五年四月にソ連は日ソ中立条約を再延長しない旨を通告しているにもかかわらず（日ソ中立条約は「五年間有効」というものでした。調印されたのが一九四一年四月ですから、再延長しない通告があっても、一九四五年八月はまだ中立は有効期間です）。

この二つの例に共通することが何か、おわかりでしょうか。

ロシアを相手にするときは、「何をいったか」ではなく、「何をいっていないか」によって判断することが必要だということです。与えられた情報だけで反論するのではなく、相手が「何を隠しているか」を見抜く必要があるのです。

スターリンは「国際法など誰が守るものか」といいながら、国際法を使いこなした人です。満洲事変の後、スターリンは日本とポーランドに挟撃されるのを恐れ、日本を含む周辺諸国と不可侵条約を結びます。「五〇〇パーセントの安全保障」を求める国なので、自分より強い相手が攻めてこないように手を打ったのです。また、ソ連は一九三三年に「侵略の定義に関する条約」をポーランド・ルーマニア・トルコ・エストニア・ラトヴィア・アフガニスタン・イランの七カ国と結んでいます（その後、締結国は東欧諸国などに拡大）。この条約での「侵略の定義」とは「いかなる理由があろうとも先制攻撃をしたことをもって侵略とみなす」というものです。

しかしソ連はその後、イランとトルコ以外の五カ国を、この条約通りに侵略してみせました。

ソ連は第二次世界大戦の後、東欧諸国を衛星国にしていきました。ところが、一九五六年のハンガリー動乱、一九六八年のプラハの春（チェコ）で、市民がソ連の傀儡政府に対して蜂起します。するとソ連は、自分が作った傀儡政府の要請で介入したという形をとり、市民の蜂起を鎮圧しました。「東欧に行くのにドイツ人は電車に乗って行く、ソ連人は戦車に乗ってやってくる」というブラックジョークになったほどです。国際法的には内政干渉になるものを、体裁として国際法違反ではないといえるようなやり方をするのです。

制裁されぬかぎり二重基準は当たり前

この構図はクリミア問題でも変わりません。地政学の論理では、東欧はソ連の縄張りなのでアメリカを含め西側諸国は口先でしか批難しません。一方のロシア人も、本当に制裁されないかぎり、二重基準をやるのが当たり前だと考えています。

今のロシアのプーチンも、前項で書いた北朝鮮が日本上空にミサイルを打ち上げれば「北朝鮮は文明国ではない」と批判しますし、閣僚の靖国神社参拝問題にはついては一言も発せず、中国・韓国とは一線を画しています。講和条約が締結された戦争の戦没者の慰霊に内政干渉するということの意味を国際法的に理解していて、文明国としての節度を守っているのです。

国際法を破ることと、理解できずに無茶苦茶をすることとは違うのです。

とはいえ、ロシアは国際法を理解していると書きましたが、中国・北朝鮮とも共通していることがあることも事実です。中国・北朝鮮・ロシアの三カ国は、国際法を「仁義」で考えているということです。

ヤクザ専門の弁護士は、彼らの行動様式がわかれば楽なのだそうです。ヤクザや暴力団というのは、「暴力をふるうぞ」と脅してお金儲けをしています。ただ、口だけだと思われると困るので、何をしでかすかわからないチンピラを雇っているわけです。北朝鮮の行動がまさにそれです。意外かもしれませんが、ヤクザや暴力団は合理的に物事を運んでいます。命を張っているからこそ、命の尊さを知っているので、金で解決できるなら金で解決することができてしまいます。

ならば、結論は簡単です。富国強兵で終了です。実際に江戸時代の日本人は勉強して富国強兵をやりました。解決策は単純ですが、現代の日本にとっては実行が難しいだけです。

7 イギリスは国際法を破って世界に認めさせる

必要は法に優先する

イギリスは学ぶ国です。今でも「世界の大法官」といわれています。世界中に張り巡らせた情報網と大英帝国以来の知見が武器です。

イギリスが国際法を破った事例はありすぎて思い出すのが大変なくらいです。その中から代表的なものを挙げていきましょう。

まず、大英帝国絶頂期の「コペンハーゲン焼き討ち事件」（一八〇一年）です。

ナポレオン戦争中、デンマークがフランスに負けます。負けたデンマークは一時に中立国となり、イギリスの友好国から離脱します。デンマークがフランスの属国になるのは目に見えていました。その瞬間、ロイヤルネイビーはコペンハーゲンに乱入し、港ごと焼き討ちしてデンマークの艦隊を全滅させてしまいます。

当然、これは一方的な侵略です。しかし、イギリス人はこれに対して「緊急避難だ」と答えました。「必要は法に優先する」という、古代ギリシャの寓話「カルネアデスの板」の話を持ち出して、それと同じだと言い切ったのです。「カルネアデスの板」というのは、船が難破して、海に投げ出された一人の男が壊れた船の板切れにすがりついていると、もう一人やってきます。二人でつかまれば板そのものが沈んでしまうと考えた男は、後から来た者を突き飛ばして水死させてしまいます。その後、救助された男は殺人の罪で裁判にかけられますが、罪に問われなかったという物語です。

もちろんデンマーク人は認めませんが、イギリス人はいかなる手段を使っても認めさせます。「本当に悪いことをしたなら自己正当化せよ」を地で行く話です。

ウィーン会議でデンマークは正式に大国から小国に弾き飛ばされ、かばってくれる国は一つもなくなってしまいます。どこかで聞いたような話です。原爆を落とされて泣き寝入りしている国がどこかにあったと思います……。

さらにすごいのがウィンストン・チャーチルで、第二次世界大戦で同じことをやっています。一九四〇年六月にドイツ軍の侵攻でフランスが占領されると、仏領アルジェリアにいたフランス海軍を攻撃します（メルセルケビール海戦）。麻生太郎がロンドン大学に留学したとき、政治学の第一回の冒頭の授業でこの話を聞き、「この話の意味がわからないやつは教室から出ていけといわれて感動した」そうです。百四十年前に先例があるといわれても、そんなものの正当性を認めるのはイギリス人だけなのですが。

イギリスの「国際法を破ったうえで認めさせる」というのは、アメリカとの大きな違いです。認めさせ方も非常に上手です。一方、フランスに対しては一緒に戦って血の同盟を示します。「口先で何をいおうが、お前のために俺も死んでいるのだ」というのは、非常に効果的なプロパガンダになります。戦国武将の毛利元就がさんざん裏切っても許されたのは、裏切った相手ともう一回組まなければならなくなったときに、手伝い戦で一族全滅寸前になるくらい必死に戦ったからです。現代でも、田中角栄が闇将軍になれたのは、大平正芳の選挙を死に物狂いでやったからです。これと同じで、ヤクザが仁義をどう使うかという技術が国際法なのです。だから、大義名分がとても大事になってくるのです。

同盟維持には戦と同じ労力が必要

戦争は負けたら終わりだという人がいます。違います。負けたときからが本番です。負けてもなお、ウチの国は正しかったと言い続けるのが国際法学者の仕事です。だから、「負けたのだから潔く受け入れよう」ではダメなのです。力関係で国際社会を認めさせられないのは仕方ないにしても、国際法学者は全世界を敵に回してでも、自国の正当性をいわなければなりません。

それを最も実行しているのが台湾です。台湾と中国は、国家承認をしてもらうために世界二百カ国に対する政策を持っています。台湾は今、二十一カ国に承認されていますが、どちらかの国を承認したら、もう一方の国が自動的に国交を断念するので、自国を承認してくれる国を一つでも増やすという政策を行なっています。あんな小さな国でも、台湾のエリートは絶頂期の大英帝国が世界中を敵に回してでも一歩も引かずに自らの立場を主張したような気概を持っているのです。

それにひきかえ日本の場合は、国連で敵国だ、犯罪国家だ、侵略国家だとさんざんにいわれていますが、本音では日本を認めてくれる国があるわけです。恵まれています。

アメリカがブッシュ大統領だった時代によくあったのは、アメリカの単独行動主義にイギリスがついていって適当なところで止めるというパターンです。国連では基本的に中国・ロシアは敵です。米英仏陣営の中でアメリカが「わけのわからないこと」をいったときにイギリスがついていって、フランスが反対側に回って、英仏がアメリカを説得して、着地させるということをやっています。

「鉄の女」で知られるマーガレット・サッチャーは、アメリカ人を上手く扱った政治家でした。フォークランド紛争のとき、当時のレーガン大統領に「フォークランドはわが国の領土であります！」と机を叩き、「あなたが西側の自由主義陣営のリーダーを自任するのだったら、こういう原理原則を守ってもらわないと困ります。あなたに一緒に戦えといっているんじゃない。私が自分の土地を自分で守るといっているのだから、あなたは、そこで黙って見てなさい！」と説得したと伝わっています。同盟を維持するには、戦をするのと同じ労力が必要なのです。

ちなみに、なぜか日本にもその根回しが回ってきました。当時の内閣総理大臣は鈴木善幸でしたが、「うちは憲法九条を旨とする国なので」と返答したので、サッチャーはアルゼンチン寄りの中立だと悟ったそうです。一方、中国の鄧小平は香港返還を控えていたので明確なサッチャー支持を表明しています。

国際法がヤクザの論理であることを理解していなければ、こういうときに将来の国益に利する貸し借りで負けることになります。

8　ドイツは何でも他人のせいにする

「補償」はしても「賠償」はしない

ドイツは、ナポレオン戦争と二つの世界大戦の三つの世界大戦に負けている国です。負け慣れて、ようやく軍事力だけではいけないと気づいたようです。第二次世界大戦後、ドイツは、ナポレオン戦争終結後に開かれたウィーン会議におけるフランスと同じ局面に置かれたことに気づきます。

そこで、ドイツは、「あれはナチスとヒトラーがやったことで、われわれも被害者なのだ」と言い出します。「ドイツ人は催眠術にかかっていたので、操られて何かやったかもしれないのですが、お悔やみは申し上げますが、謝りません」というのです。「補償」はしても絶対に「賠償」はしないという意味です。

賠償は違法性を前提とした過失責任によって発生するもの、補償は違法性がなく過失がなくても社会的な責任として損失を補填するものをいいます。簡単にいうと、悪いことをしてご迷惑をおかけしましたとお金を払うのが賠償、お悔やみ申し上げますといってお金を払うのが補償です。

ヒトラーの占領下でユダヤ人の虐殺をやったことをどうとらえるかについては、オーストリアでも同じ問題があります。

不良グループにいじめられて、命令されて万引きをやった子はどうなるかという問題です。しかし、加担したことは間違いのない事実です。国際社会の中では、「私が悪かった」と認めた瞬間、永遠にたかられることになります。

歴史問題は金になる、ゆすりたかりの道具です。日本人には誤った真実至上主義がありますが、真実を伝えることは武器の一つにすぎません。真実を発信すれば認めてくれるというのは甘ったれです。相手はゆすりたかりのチンピラ、もしくはチンピラから上前をはねるヤクザなのです。

ナポレオン失脚後、フランスの外交官タレーランは大国として復活することで、フランスを犯罪国家といわせませんでした。ドイツは東西に分断されて、小さくなりながら、核は持たないまでも通常戦力ではヨーロッパ最大にし、ＮＡＴＯの中核になり、経済大国になり、世界第三位の経済大国にのし上がりました。そうやって力を蓄えつつ、大人しくしていたら、時がきました。ヒトラーより悪い国というのが出てきたのです……「自分は悪いことをしました」と言い出す「日本」という国のことです。

ただ、そんなドイツにも悩みがあります。国際社会で日本はマイナー国家にすぎないのです。湾岸戦争のとき、日本は「金だけ出して血は流さない」と勝手に自虐的になって、凹んでいましたが、あの批判は、本当はドイツに向けられていたものだったのです。

ドイツはアベノミクスにもさんざんケチをつけていて、何を企んでいるのかはよくわからないのですが、毎回、毎回詰めが甘いので、最後まで勝ち切った人がいません。イギリス人の性格の悪さにかなわないだけなのかもしれませんが。

とにかく、今のドイツは常に日本のせいにできるということは覚えておきましょう。

9　フランスは常に美しい

恐ろしいまでのセンス・オブ・セルフ

フランスのすごいところは、気がついたら大国に返り咲いているところです。その意味で、アメリカ以上に「やるときは、やる」国といえます。

恐ろしいまでのセンス・オブ・セルフ（自己意識）です。今となっては根拠がどこにあるのかさえわからなくなっているのですが、とにかくフランスは、常に自分たちが世界の中心だと心の底から思っているようです。こういうある種の「遠慮のなさ」というのがないと、国際社会で生き抜いていけません。

一六一八年からの三十年戦争を終結させたフランスの名宰相・リシュリューの後を継いで宰相となったのがマザランでした。そもそも、カトリック国であったフランスがプロテスタント側に立って参戦するのもおかしな話ですが、それはおいておきます。一六四八年以降、このマザランがスウェーデンのクリスチーナ女王と二人で、ウエストファリア会議を仕切ります。この会議によってウエストファリア体制が確立されていくのですが、当然、仕切り役のマザランはフランスを有利に導きます。

一八一五年にはタレーランが活躍します。ナポレオン戦争で、フランスは敗戦国のはずが、なぜかウィーン会議を仕切っています。「あれはナポレオンがやったことです。フランスは関係ありません」などといい、イギリス・オーストリア対ロシア・プロイセンで揉めているところでキャスティングボートを握るなど卓越した外交手腕を発揮します。もちろん、それが可能だったのは、フランスがまだヨーロッパ最強の陸軍国だったからです。吉田茂がこれを真似しようとしたことがありましたが、軍事力なしには真似のできることではありません。

この結果、フランスはその後の国際秩序の中で大国として生き残ります。

一九四〇年代以降のド・ゴールのときはパラダイムが完全に変わっていました。第一次世界大戦で総力戦の時代になり、国が潰されないのが大国の資格だったのが、大国であろうとも滅ぼされる時代が到来します。

一九四四年八月、ノルマンディー上陸作戦が成功し、パリが解放されたとき、ド・ゴールは自由フランス軍を率いてパリに入城し、凱旋パレードを行ないます。パリの解放は米英の連合軍とやったのに、パリ入場の先陣はフランスにやらせろとねじ込み、フランスはわれわれの力だけで解放したと演説しました。米英は怒り狂いますが、知ったことではありません。

ド・ゴールは大国の一角に戻るために、すべての努力をやっています。ここでも軍事力の裏づけが功を奏しています。ここで勝ち組に滑り込んだフランスと、その後の日本の運命はまるで違うものになっています。

ここまで、各国が国際法をいかに活用しているかを見てきました。次章では、その国際法とはどのようなものなのか、詳しく見ていくことにしましょう。

第2章　武器使用マニュアルとしての「用語集」

1 国際法は法律ではない

国際法は「強制法」ではなく「合意法」

本章は、国際法を武器として使用するためのマニュアルとして、用語をわかりやすく解説します。あえてマニュアルっぽく書いていますので、取扱説明書を読むように順々に読んでいけば、それだけで国際法の基本の部分がおわかりいただけるはずです。

では、最初に、国際法とは何でしょうか。

国際法を学ぼうとして、戸惑う経験をする人は少なくありません。国際「法」というからには民法や刑法のような法律なのかと思いきや、実はまったく違うものだからです。

民法や刑法など、私たちが「何々法」という言葉を聞いたときに一般的に思い浮かべる「法律」は、一つの国の中で、政府が国民に強制してきます。

いちばんわかりやすい例が刑法です。もしAさんがBさんにナイフで刺されたとしても、刺されたAさんは勝手にBさんに報復することは許されません。政府が刑法の条文に基づいてBさんを逮捕し、連行し、裁判にかけます。AさんとBさんよりも上位の存在として「政府」があり、国民であるAさんとBさんに法律を守らせる強制力を持っています。

つまり、「法律」というのは、国民全員にいうことを聞かせる力を持つ政府が、国民に強制するものなのです。これを「強制法」といいます。民法や刑法など、六法全書に載っているような法律は国内でのみ通用するものですから「国内法」です。国内法とは基本的に、政府が国民に強制的に守らせる「強制法」なのです。

一方、国内とは違って、国際社会には強制力を持つ「世界政府」は存在しません。アメリカやブラジルや中国やデンマークやエチオピアなどなど、世界にはたくさんの国がありますが、それらの国の上位の存在というものはありません。軍事力、経済力、面積、人口など、現実には国力には大きな違いがあります。しかし、アメリカや中国のような大国でも、日本の地方自治体よりも小さな国でも、対等です。主権国家とは、他の何者にも命令されることがない存在です。国際社会は主権国家の対等を前提としています。

ということは、A国がB国にいきなり領土を奪われたような場合、B国をなんとかしてくれる「世界政府」も「世界警察」もいません。

そういう中で、国家間の合意によってできたものが国際法です。ですから「合意法」といいます。強制的に守らせる「強制法」とはまったく違うので、その違いを十分に理解しておかなくてはなりません。

基本的に国際社会、国際法においては、建前として、どの国も対等の存在であり、自力救済ができるということが前提です。国際秩序の中には、国家間の合意である国際法を守らない国に対して、合意を遵守《じゅんしゅ》することを強制する仕組みや、強制することができる力がないからです。

国際仲裁裁判所や国際司法裁判所など、「裁判所」と名前がつく国際機関があるので誤解してしまうのですが、実はこれらの「裁判所」が下すのは判決ではなく、裁定（判断）、和解案、調査報告、勧告というように、国内法に見られるような強制力を持たないものばかりです。国際法を基礎として行なうので、影響力を持つことはあっても、強制力を伴うことができません。

平成二十八年（二〇一六年）七月十二日に国際仲裁裁判所が南シナ海の中国の海洋進出をめぐり、中国が主権を主張する独自の境界線「九段線」には国際法上の根拠がないと認定しました。新聞などでは「国際的な司法判断が下された」などと書くので、国内の裁判所が出した判決のような強制力のある判断という印象を持たれたかと思います。しかし、中国側は

「判決の影響など受けない」とどこ吹く風です。なぜ中国がこのような態度をとれるのか、理由がおわかりいただけたでしょうか。

第1章のような、国ごとに国際法をどう理解しているか、どう対応しているかという分析は、国際政治でどう立ち振る舞ったらよいかを考える重要な要素なのです。

なお、「世界政府のようなものとして国際連合（国連）があるではないか」などという人も、もしかしたらいるかもしれませんが、国連の本質は単なる「連合国」であって、政府などではありえません。せいぜいのところが、「常設の国際会議」程度のものです。このことは、第4章以降で説明します。

2　慣習と条約

大事なのは「慣習として成立しているかどうか」

国と国との間で結ばれる条約というものがあります。これらは国際法なのかというと、なかなか判別が難しいところがあります。

本章の第1節で、国際法は合意法だといいました。条約というものは、国家間でお互いに「これとこれを守ろうね」と合意して約束したことを条文として書いてあるわけですから、条約は国際法だという考え方も一応は成り立つように見えます。

問題は、その合意が守られないことがしばしばあることです。条約は紙に書いて成文化していても、守られないかぎりは、ただの紙切れとしてしか扱われません。実際に守られている間は合意が続いていますが、どちらかが破れば、その時点でもう合意は成立していないことになります。

実は、国際法で大事なのは、「条文として紙に書かれているかどうか」よりも、「慣習として成立しているかどうか」です。条約の中には、結局、誰も守っていなくて空文化しているものもあれば、まだ締結されたばかりで合意が続くかどうか予測がつかないものもあります。これらは国際法として成立していない状態です。

一方、国家間の合意が積み重なって守られ続け、慣習にまでなると、容易に破ることはできなくなります。慣習というものは、いったん成立すると非常に破りにくいのです。

これは私たちの日常生活に置き換えてみると実感できるのではないでしょうか。たとえば、歯を磨く習慣を一度身につけてしまうと、そう簡単にやめることはできません。

慣習は、すべてが文字に書かれているとは限りません。ですから、条約だけを見ていても国際法の全体が見えるわけではありません。条約は、国際法の下位概念にあるものです。条約の中には、国際法としてすでに確立していた慣習を確認のために文字にしたものもあれば、単なる紙切れで終わってしまうかもしれないものもあります。条約に書かれたことがすべて、書かれた瞬間に国際法として確立するわけではありません。合意が維持され、守られるという実績の積み重ねで国際法になっていくのです。

紙に書かれた条文より慣習が大事なのは、なぜか。それは、「国際法」とは、つまりは「仁義」だからです。もともと王様どうしの約束（仁義）として成立したので、実際に守るかどうかの仁義、信頼関係のほうが大事なのです。

仁義というと、ヤクザの親分どうしの約束事のように思う人もいるかもしれませんが、まったくそのとおりです。ちなみに、国際政治と国内政治とヤクザの論理が全部同じものだとわかっていた日本の政治家がハマコーこと浜田幸一でした。

ヤクザの親分が仁義を守るのは、自分より強い相手から制裁されないため、口実を与えないためです。ムカつく奴、倒したい敵を攻撃するときには、逆に因縁をつけるという形で使います。当然ですが、弱い相手との仁義は守らなくてよいことになります。より正確にいえば、弱い相手との仁義を破って、他の誰からも因縁をつけられないとき、その弱い相手との仁義は守らなくてよいのです。

仁義を破られたほうはどうするか。泣き寝入りすれば、仁義は紙切れと化したことになります。降りかかった火の粉を自分で払い、仁義を破った相手を制裁することができれば、紙切れではなかったことになります。「相手に仁義を守らせることができるかどうか」は、ひとえに自力救済する実力があるかどうかにかかっています。国際法の世界では、悪いこと（仁義違反）をした者よりも、それを咎《とが》めだてしない者のほうが悪いのです。

ヤクザの世界で生き残ることができるのは、自分の身を自分で守ることができる組だけです。仁義は、その重要な一つの武器です。暴力やカネと同様に。

国際社会も、まったく同じです。

国際社会で生き残ることができるのは、自分の身を自分で守ることができる国だけです。国際法は、その重要な一つの武器です。軍事力や経済力と同様に。

国際法の二重基準

ヨーロッパの王様どうしはヨーロッパの域内では、まだしも国際法（仁義）を守っていました。ところが、ヨーロッパ域外の有色人種相手なら、国際法なんてまったく関係なくなります。その理由は、「相手には、国際法を守る意志と能力がないから」というものです。まことに勝手な理屈ですが、この理屈に則って中南米、アフリカ、アジアと次々に制圧していきます。詳細は第3章で述べますが、国際法の二重基準です。

第1章で、ウエストファリア体制で、戦争が王様どうし、貴族どうしの「決闘」的なるものになったという話をしました。そもそも決闘とは、貴族にだけ許された特権です。平民が貴族に決闘を挑むなど許される話ではなかったのです。ナポレオン三世に恋人を取られた平民の男が決闘を申し込みにエリゼ宮へ行ったところ、その場で射殺されたという話が伝わっています。

戦争も同じです。当時、ヨーロッパ人が平民以下にしか見ていなかった非キリスト教徒・非白人の国家（非文明国）が、ヨーロッパの国（文明国）と戦争（決闘）をするなど許されぬ話でした。

もちろん、ヨーロッパ人が勝手にそう思っていただけです。しかし白人は、ヤクザが武器を持たぬ一般人に因縁をつけて金を巻き上げ、暴力で脅し、ときには殺していくのと同じように、有色人種を征服していきました。タスマニア人など、絶滅させられています。そんな白人からしたら、有色人種などキツネ狩りのキツネのようなものです。対等の人間として扱うはずがない。その彼らの勝手な理屈によって、非文明国には国際法など適用されなかったのです。

十九世紀、ヨーロッパ人は世界中にルールを押しつけました。一八四〇年といえばアヘン戦争の年ですが、アジア最大の帝国である清国が大英帝国に敗れた時点で、白人が押しつけるルールを拒否できる有色人種の国は地球上に存在しなくなりました。

かくして、一六四八年の時点で欧州公法にすぎなかった国際法は、地球全体に影響力を持つに至ります。

そして、今も国際社会のルールとして、大きく形を変えながらも生きています。

国際法とは慣習の蓄積

一六四八年以降のウエストファリア体制下での国際法というのは、当時のヨーロッパの大半の国が王様の領土だったので、特に〝国際仁義〟というより〝王際仁義〟の性格が強いのです。土地は今のような国境不可侵の原則がないので、取ったり取られたりする財産にすぎません。日本はよく北方領土のことを「わが国、固有の領土」という言い方をしますが、地続きの大陸国家はその時々の力関係で国境線がしょっちゅう変わりますし、人も移動するので、「固有の領土」という感覚は希薄です。

ウエストファリア会議では、どこで会議を開くか自体で揉《も》めました。しかし、揉めた分だけ、現代に至る多くの外交儀礼が確立しました。たとえば、「大使～公使～参事官～書記官」といった外交官の序列です。

名前が皇帝でも国王でも皆「陛下」と名がつく人たちは対等、大統領はその下、その下に首相、などというプロトコル（外交儀礼）です。どんなに強国の首相であろうとも、他国の王様や大統領よりは下座とするといった序列です。それまでは、この序列一つで揉める原因にもなることがありましたが、以降そのようなことはなくなりました。これは今も生きている慣習です。

よく、お国自慢的に「天皇は世界に唯一無二の存在だ」と声高に主張される方がいます。それは、どういう論拠でいっているのかさえしっかりしていれば同意します。しかし、「世界で最も格が高いのだ。ローマ教皇もイギリス国王も天皇より格下だ」は、やめたほうがいいです。

もちろん、天皇の訳語は「Emperor」ですから、「King」であるイギリス国王よりも格上とみなされることもあります。しかし、現在の外交儀礼では、天皇もイギリス国王も「陛下」ですから対等です。日本の天皇陛下とイギリスの女王陛下が同席した場合、即位の日が早いエリザベス女王が上座に着きます。

ローマ教皇は、バチカン市国の非世襲の国家元首ですが、世襲国家元首の陛下と同格とされています。よって、日本の天皇や各国の国王と同格扱いです。本来ならば大統領と同格でもいいのですが、長らくヨーロッパの国王より格上扱いされてきた歴史を考慮してのことです。

国際社会では歴史は一つの武器です。慣習が歴史的に蓄積されると、それは破れない法になるのです。

たとえ中国や北朝鮮のように、国際法を理解できない国が勝手なことをしようと、国際社会の中では勝手に序列を作り替えることはできません。慣習が歴史を経て法則になることによって、破れなくなるのです。

私は、憲法の本で憲法典の条文は氷山の一角、憲法とは氷山全体のことだ、と解説します。国際法も同じです。条約は国際法の一部にすぎません。

ちなみに日本国憲法が制定された当初は、この区別がついていました。九十八条二項に次のようにあります。

日本国が締結した条約及び確立された国際法規は、これを誠実に遵守することを必要とする。

日本国は自分が結んだ条約だけでなく、「確立された国際法規」も守らねばならないのです。

「ウチの国では公使は大使より偉いんだ」などといっても、誰も相手にしてくれません。日本国憲法九八条二項で「確立された国際法規」と呼ぶ「慣習国際法」こそが、この本で解き明かす本物の国際法なのです。

3　国家

領域、国民、政府がなければ国家ではない

国際法の主体となるのは「国家」です。「国家」と認められるには三つの要素が必要です。

第一が、領域です。領土のほかに、領海、領空を合わせて領域といいます。領海は、領土に隣接する海のことで、国際法で慣習的に決まっています。領空は、領土と領海の上空をいいます。ちなみに、宇宙空間は「宇宙条約」という香ばしい名前の条約があって、誰のものにもしてはいけないことになっています。

最も重要なのは領土です。これは動かないものを前提にしています。ハワイ島が毎年十分の一ミリ単位で日本に接近しているといわれますが、こういうものについては動かない土地という前提になっています。だから、北極は除外されます。北極は、そもそも海の上に氷が流れているだけなので、動かない土地が存在しません。

第二は、国民（人民）です。土地があっても無人の荒野は「国家」ではありません。領域に人間が住んでいなければなりません。南極は「南極条約」という名前の条約があって、誰のものにしてもいけないことになっています。宇宙と同じです。南極には、日本の昭和基地のような人が住んでいる場所はありますが、誰のものでもありません。南極は、国家ではありません。無人の荒野と同じ扱いです。

第三は、政府です。領土領域の上に国民（人民）がいても、無法地帯であれば国家とはいいません。領土領域にいる国民（人民）を一つの国としてまとめられる能力（主権）を有する政府がなければ国家にはなれないのです。

なお、政府といっても、主権を持つ中央政府だけが国際法で扱う政府です。地方自治体なども広い意味では政府であり、やっていることは中央政府と重なる部分もあります。しかし、国際法で扱う政府とは、主権（統治権ともいう）を執行する中央政府だけです。地方自治体は中央政府に服しているので、主権を持っているとはいえません。

仮に、主権を持ち、中央政府に服しない地方自治体があるとすれば、それはもはや独立国家です。

4 主権

実は恐ろしい「主権」という言葉

「主権」とは、国民や領土を統治する国家の統治権のことです。簡単にいってしまえば、どの国でも主権国家として成立するということは、その国の国民（人民）や居留している外国人も含めて、全員から自力救済の権利を取り上げることができるということです。

単純化するなら、こういう図式となります。論理の上では、人にはすべて「他人を殺したり、危害を与える」権利もあります。実際、物理的には可能です。しかし、それを各々が自由に行使していたら、そんなに住みづらい、危ない社会はありません。そこで、国家なり国王なり政府なりが、そのような権利を国民から取り上げ、制裁する権限を一手に収める形にするのです。「すべての人がそのような権利を放棄して政府に委ねた」という考え方をすると、社会契約説の考え方になります。

とにもかくにも、人を殺すことをはじめ、他人の自由を侵害する者を、政府が取り締まり、罰する。しかも当事者どうしの私的な制裁を許さない。そのようなことができたときに主権国家が成立します。国民個々が自力救済をするのではなく、政府が行なう能力を治安維持能力といいます。

治安維持能力と表裏一体のものが、条約遵守能力です。外国との約束を果たせる力のことです。たとえ政府と名前のつく組織があったとしても、条約遵守能力が機能していない場合は、国際法の対象となるべき国家としては認められません。

海外に旅行に行くとき、命の次に大事なものがパスポートです。パスポートは、「パスポートを持っている者は安全に旅行することが保障される、泣き寝入りはない」という内容の契約書です。実際にお持ちの方は、ぜひ確認してみてください。外務大臣名で「この者が安全に旅行をできるように貴国関係官憲に要請します」と書いてあります。実は、これには続きがあります。文字としては書かれていませんが、この要請を守らなかった場合どうなるか？　です。答えは「戦争になります」です。

国家が国家に対して、「ウチの国の国民の安全をよろしく」と頼む。もちろん、犯罪に巻き込まれることはあります。最近でも日本人旅行者がトルコで被害に遭い、トルコ政府が必死の捜索で犯人を見つけ出し、日本に誠意を見せたことがありました。こういう場合は、もちろん戦争にはなりません。問題は世界中の国が、こういうトルコみたいなマトモな国ではないということです。自分の国の人間の権利が侵害されたとき、泣き寝入りをしてはならないということなのです。

十九世紀の代表的外交家は、大英帝国のヘンリー・パーマストンです。パーマストンは「我こそはローマ」と称される演説をしています。

古《いにしえ》のローマ市民が「私はローマ市民である」といえば侮辱を受けずに済んだように、英国臣民も、彼がたとえどの地にいようとも、英国の全世界を見渡す目と強い腕によって不正と災厄から護られていると確信できるべきである。

パーマストンは「砲艦外交」の代名詞といわれましたが、たった一人の国民の権利を守るためにも大英帝国の総力を挙げる、との姿勢を常に示しました。「我こそはローマ」演説は、イギリス国籍のユダヤ人がギリシャで家を焼かれたときに行なわれました。ギリシャは恐れをなして謝罪と賠償を行なっています。

パーマストンは日本でいえば幕末、薩英戦争のときの首相です。たった一人のイギリス人が島津の殿様の大名行列の前で無礼を働き、切り捨て御免で殺されました。結果、インドから七隻の艦隊が薩摩に押し寄せ、鹿児島は火の海になりました。

経済合理性からは愚かなことかもしれません。コストが合わなさすぎです。

しかし、たった一人の国民の権利を守るためには総力を挙げるのが主権国家である、との原則は経済的なコストよりもはるかに重いのです。

特に国名は挙げませんが、とある極東の島国は自分の国民を隣の国にさらわれても、何の取り返す努力をしていないとか。しかも、その国の外交官は「たった十人の問題で」と吐き捨てたとか。どういうわけだか、その国の外交官は、当の隣国と仲良くしたいらしいとか。では十人が「たった」なら何人までなら拉致されても構わないのか。何人を超えたら戦争に訴えるのか。数の問題ではないのです。

極東に浮かぶ頭の悪い島国は無視するとして、今も国際社会ではパーマストンの論理は生きています。

二〇〇一年のアフガニスタン紛争は、この論理に則っていました。アフガニスタンが、九・一一テロで大量殺人を行なったアルカイダのメンバーをかくまってアメリカに引き渡さなかったことで、アメリカが喧嘩を売り、さらにＮＡＴＯ加盟国も加わり、空爆になりました。さらに地上軍で占領し、傀儡《かいらい》政権を樹立しました。中国やロシア、イランですらそれを非難しませんでした。

主権という言葉は、国内と国外にわけて考えると理解しやすいでしょう。

もともと主権とはジャン・ボダンが王権神授説で使った言葉で、「地上において神の権力を代行する力」を意味していました。これが国内における主権であり、それぞれ勝手なことをする貴族を掣肘《せいちゅう》してヨーロッパの王権を強化する際の根拠となった概念です。王は自分の王国内において神の代行者ですから、領土はもとより、そこに住む人民を家畜のように扱おうと自由でした。そんな状態から人民が権利を獲得するのは命がけの戦いであり、血みどろの歴史を経て近代的な法治国家がやがて生まれて来るわけですから、「主権」というのは実は恐ろしい言葉なのです。

現代の欧米の国々で、政府が人民を家畜のように扱う権利を持っているわけではもちろんありませんが、前述のとおり、「人を殺す」という根源的な人権を取り上げて、その国の全員にいうことを聞かせる力は持っています。それができたときに主権国家が成立したといえます。

そうした恐ろしい力を持つ主権国家の集まりが、国際社会なのです。

国外との関係では、主権とは排他的に支配する能力、いかなる外国にも干渉させない力です。これがないと国際社会の中で生き残ることはできません。排他的支配の意味は次の節で説明します。

「君民共治」の国・日本における「主権」とは

日本の場合、対外的にはもちろん、排他的支配という意味での主権を持ちますが、国内的にはジャン・ボダン的な主権という概念を必要としませんでした。そんなものを振り回すまでもなく、伝統的に日本は「君民共治」の国であり、天皇が国民を奴隷のように扱うことなどありませんでしたし、国民も長年確立してきた天皇の（宗教的）権威を重んじ、天皇の下に従う国でした。

それゆえ大日本帝国憲法以下、戦前までの日本の国内法では、主権という概念を条文上は用いていません。日本の天皇が持っている権力というのは、ヨーロッパの君主のように、神に代わって土地に住んでいる人民を家畜のごとく扱っていい権力の意味ではありませんでした。だから、そのような意味での「主権」を採用しなくても、国内において全員を従わせる力を説明するなら「統治権」という言葉で十分でした。

「戦前は天皇主権だった」などと、まことしやかに吹聴する人たちがいますが、そんな言葉はどこにもありません。国家主権は当然、大日本帝国にありました。戦前の憲法学の教科書は、国家と天皇の違いというのを厳密に書いています。

大日本帝国憲法の教科書は、最初は国家から始まって天皇に行く。そして、国際法と憲法の説明が先にあります。国際法と憲法は同じもので、双子の兄弟のような存在だからです。

どういう意味かというと、同じものを国際社会で適用したら国際法で、国内で適用したら憲法になるということです。

主権によって国を治めるための法が憲法であり、憲法のもとに定められるのが強制法である刑法や民法をはじめとする国内法（法律）です。

主権を持って国際社会に入ったら従うのが国際法という法で、その下に、個別具体的な合意を成文化して取り交わすものが条約であると捉えると、法が法律の上位概念であること、憲法と国際法が双子の兄弟のような存在だという意味を理解しやすいでしょう。

5　排他的支配

自らの国民の権利を害するものは絶対に排除する

「国家とは、そこにいる国民（人民）のものであり、ほかの誰の持ち物でもない」。これは、ごく当たり前のことであって、それが確立されてこその「主権国家」です。

ところが日本では、鳩山由紀夫のように「日本列島は日本人だけのものじゃない」（二〇〇九年四月談）などと言い出す人がいるので困ります。

排他的支配がないということは、ウエストファリア体制以前の時代のヨーロッパのように、神聖ローマ帝国やローマ教皇に上から命令されることや、干渉されるのを許すということです。「それぞれの国はお互いに対等である」「自国のことを他国から干渉されるのを排除できる」という原則がなければ、現在、国家とは認められないはずなのですが。

建前上、排他的支配権は大国にも小国にもあることになっていますが、厳密には大国だけが国家であるということになります。その明暗をわけるのが、排他的ということができるかどうかです。許可なく自分の国に人を入れないとか、勝手に入ってきた者を制裁できるか、泣き寝入りしないかどうかというのが主権国家の条件になるのです。

これがわからないと、拉致問題など何の話か、さっぱりわからないでしょう。

主権を国外に向ければ排他的支配権になります。自らの国民の権利を害するものは、それが戦争によってであろうが何だろうが、絶対に排除する、という力です。その力を国内に向ければ、先ほど見た「主権」の話になります。

大日本帝国憲法の法解釈では、日本は当然、国際社会の中で排他的支配権を行使できる主権国家だとされていましたが、一方、日本国内で「主権」を行使するかどうかはまた別問題であるとされていました。帝国憲法の二大原則の一つとして、天皇は日本の本来の持ち主であるから、その意味で主権を保持しているといってよいのだというのが、『憲法義解』(伊藤博文著の大日本帝国憲法の解説書)での主権の定義です。しかし、主権を持っているからといって行使していいかというと、第二原則が天皇無問責なので、持っていたとしても行使してはいけないとされていました。

実は、帝国憲法と比較すると、日本国憲法の「国民主権」というのが怖い話であることがわかります。戦後、日本国憲法に改正するとき、松本烝治は、「国民主権」は国民に責任を押しつけることで無責任だと、徹底的に抵抗しています。

6 交戦団体

稀な成功例の一つが戊辰戦争だった

国際法の主体は国家ですが、例外はあります。それが、交戦団体です。

国際法とは、国家と国家の「仁義」です。国と国の喧嘩を戦争とか紛争といいますが、要するに殺し合いです。しかし、単なる殺し合いではなく、「殺し合いにも、守るべき仁義はある」と考えるのが国際法の要諦《ようてい》です。

ときに、国家以外の団体が殺し合いの主体になることがあります。基本的には、そういう人たちは犯罪者と呼ばれます。

では、国家以外は「殺し合いの中にある仁義」を守らなくてもいいのでしょうか。たとえば、政府に対して反乱を起こした人びとはどうなのか。

そういう人たちを犯罪者扱いしない代わりに一定のルールを守らせるために、「交戦団体」

というカテゴリーを設定しているのです。

最近の例だと、アフガン紛争が挙げられます。

当時のアフガニスタンのタリバン政権を承認している国は世界では三カ国しかなく、アメリカに至っては言いなりになるカルザイという人を連れて来て別に傀儡政権を作らせました。アメリカやカルザイ政権の立場から見ると、タリバンは単なる武装勢力、犯罪者です。では、タリバン相手には何をしてもいいかというと、それは違うということです。いかにタリバンが許しがたい相手でも、面白半分に拷問などしてはいけません。そんなことをしたら、怒りを買うだけで、報復の連鎖が起きるだけでしょう。そういう無意味な殺傷、残虐行為を戒めているのが国際法です。

ただ、アフガン紛争と続くイラク戦争では多くの不祥事が明らかになっているように、国際法の精神は守られていないようですが。

国際法は戦場で極限状態にある人間にもわかるようになっています。しかし、それを守れるかというとなかなか難しい。国家だって守れるかというと難しいのに、国家以外の団体に可能なのか。国家として認めあっている者どうしだって守れない国際法を、お互いに存在を認めずに戦っている敵を相手に守れるのか。

国際法の教科書には交戦団体のことを、「内戦において国際法の適用を受ける団体」などと書いているのですが、では何を以て「内戦」なのか。

たとえば中東紛争では、エジプトのサダト大統領は、イスラエルを国家として認めたがゆえに暗殺されました。今でもパレスチナをイスラエルは国として認めていません。あるいは、中国と台湾です。両国はお互いを国家承認していません。それどころか、相手と国交を結んだ国とは即座に断交する徹底ぶりです。

今でこそ直接の軍事衝突をしていませんが、「台湾はわが国の領土だ」との建前を崩していない中国が、いざ戦いになったときに国際法を守って戦うか。仮に中台紛争が起きたとしたら、「お前たちはお互いを国として認めあっていないが、戦いにもルールはあるからな」「国家ではないかもしれないが、交戦団体ではある」と説くのが国際法です。

「交戦団体」として認めさせることに成功した稀な例が、日本です。

戊辰戦争の際、新政府と幕府が争いました。お互いが自らの正当性を外国に訴えています。しかし、同時に内政干渉も戒めています。このときに持ち出したのが国際法の「交戦団体」の概念です。「今のわが国は内戦状態にある。国際法を守り戦う。われわれの敵は交戦団体である。よって、貴国らは中立を守られたし」です。

内戦状態では部分的に治安維持能力を欠いていても、それぞれの勢力下では一定の治安維持能力があり、それぞれに他国の干渉を排除する排他的支配権を行使する意志があるということは、当事国以外の国に迷惑をかけないという意味で「仁義」を守ることになります。それを認めさせて初めて、「交戦団体」として承認されることになります。

しかし、なかなか、こう上手くは行かないものなのです。

7 大国・小国

その国を入れねば話がまとまらないのが「大国」

「大国」「小国」というのは、国際法というより国際政治の用語です。しかし、この概念を踏まえておかないと、国際法の主体がわからなくなりますから、ここで解説しておきます。

国際社会の問題を解決しようというときに、その国を入れないと話がまとまらない国のことを「大国」といいます。国際法が仁義であるとお話ししてきましたが、仁義だからこそ勢力均衡というものが常に絡むことになります。とはいえ、勢力均衡も「どの国とどの国の力が拮抗しているか」という地政学の話であって、国際法ではありません。

世界的な軍縮を話し合ったワシントン会議（一九二一～二二年）、ドイツのヒトラー政権の動きを受けてヨーロッパの領土問題などを話し合ったミュンヘン会談（一九三八年）がなぜ失敗したかというと、すべてソ連を呼んでいなかったからです。話を聞かなければまとまらない国を入れてないので、話がまとまるわけがないのです。第一次世界大戦後のパリ講和会議（一九一九～二〇年）は、アメリカ大統領のウッドロー・ウィルソンが、当時は小国だった中国に大国並みの発言権を与えようとするので揉めています。

ウィーン会議（一八一四～一五年）が五大国だけで物事を決めたのは、話をまとめるためです。

ちなみに国連というのは〝常設ウィーン会議〟のことです。毎回毎回、ロンドンでやるか、ウィーンでやるかといった具合に揉めるので、最初から場所を決めておこうとしたのです。だから、国際連盟も国際連合も最初から決まった場所に置いたのです。世界中の人が集まれる常設の会議場を作るまでに、百年の歳月を要しています。そこに至るまで、第一次世界大戦を含め、あまたの血が流れてようやくそこに辿りついた、それだけの価値はあるものです。

8 味方・敵・中立・同盟

「口だけ中立」の愚かしさを李氏朝鮮に学ぶ

「味方」「敵」「中立」「同盟」というのは、戦時国際法において非常に重要な事項です。宣戦布告の瞬間から、当事国と同盟関係にある国は味方となります。交戦相手国とその同盟関係にある国は敵となります。

味方と敵はわかりやすいのですが、問題は中立です。

「中立」の本質は、「味方にとっても、敵にとっても、敵である」ということです。両方と仲良くすることを中立と誤解している日本人が非常に多いのですが、中立とはどちらにも手を貸さないことです。

中立を認められるには、中立義務を果たさなければなりません。この義務を果たすためには、双方の敵である意志を示し、その能力がなければなりません。これを守ることができた国の典型が第二次世界大戦でのスイスです。ドイツの戦闘機メッサーシュミットが来ても、イギリスの戦闘機スピットファイヤーが来ても、国を挙げて迎撃しに行きます。何人死人が出てもスイスの中立を守るために戦いに行くのです。スイスの中立は、非武装ではありません。自国を守れる前提がない中立は、中立とはいえません。

非武装中立で失敗したのがデンマークとベルギーです。二つの世界大戦で、いずれも戦争当事国の行動範囲の中に位置しており、非武装中立を宣言しますが、自国を守る能力がなかったので潰されてしまいます。

日清戦争、日露戦争当時の李氏朝鮮が「中立」だといっていたことがありますが、口でいえば済むほど簡単なことではありません。日清戦争は清が約束を破って日本に通告せずに軍を朝鮮に入れたことから始まっています。朝鮮は、中立だというのなら自力で清軍を追い払わなければいけませんでした。また、日露戦争の前には、朝鮮の国王がロシアの公使館に入り、そこで政務をとっていました。これのどこが中立なのでしょう。何一つ中立義務を果たしていないのです。

しかし、今の日本も人のことは笑えません。戦後一貫して、日本国内に米軍基地を置いておきながら、「中立」であるとか「集団的自衛権を行使していない」などとうそぶくのは、李氏朝鮮と同じ理屈を並べているようなものです。

上海協力機構の仮想敵はどこ？

中立と同じく、日本人が誤解しているのが同盟です。

同盟というのは「一緒に戦う仲間」です。冒頭に説明したとおり、同盟関係にある国と同じ立場に立つことが前提となります。

日本がアメリカと日米同盟の関係にある以上、中立だなどということはできないのです。

中立というのは、第1章のイギリスのところで紹介した、コペンハーゲン焼き討ち事件のようなことをやられないという自信がないかぎり、やってはいけないことです。

敵、味方の両方に対していい顔をした国もありますが、成功しているのはパーマストンが外相だったときのイギリス、宰相がビスマルクだったときのドイツくらいです。「敵味方の両方から恨みを買っても撥ねつけられるだけの軍事力を持ち、外交交渉の議長国ができるだけの実力がある国」であれば、の話なのです。

軍事力と外交交渉力の二つは同じものです。

議長国というのは、自分の国益のためにやるものです。外交交渉では、厳正中立（どちらの味方もしない）であるという建前を守ることができなければなりません。

たとえば、日英同盟のイギリスは、日露戦争では中立国です。この同盟では、一騎打ちの場合は中立を守り、敵の同盟国が助太刀してくるときは助太刀しますという内容でした。日露戦争は日本とロシアの一騎打ちだったので、イギリスは出てこなかったのです。これを日本に対する好意的中立と称します。

同盟関係を結ぶ場合は、事前に仮想敵を想定しています。もちろん、その段階では絶対名指しはしません。仮想敵に名指しするということは、火のないところに煙を立てるようなことです。ただ、国際関係が変容してきて、敵を特定せずに、どこが敵になっても守るという内容の条約を結ぶ例も増えてきています。

同盟とは名乗らない同盟の形態もあります。たとえば一九九六年の上海協力機構（創設メンバー国として中華人民共和国・ロシア・カザフスタン・キルギス・タジキスタン）がそうです。

ここで読者の皆さんに問題です。この上海協力機構の仮想敵（想定敵ともいう）はどこでしょうか？

上海協力機構は実質的には中露同盟です。普通、この二つの国の仮想敵といえば、アメリカを思い浮かべた方がほとんどだと思います。しかし、外交とは、そういう危ないことをしないものです。

答えは、中央アジアのイスラム原理主義です。アメリカの九・一一テロがあったので、仮想敵にはもってこいです。仮想敵は必ずしも国である必要はありません。あの両国が腹の中で仮想敵としているのはアメリカなのは明らかなのですが、そう読み取れる文言を入れないように工夫しています。

9 戦争と平和(戦時と平時)

戦争をなくしたために訪れた悲劇

第1章の冒頭に紹介した、最も確立された三つの国際法の一番目に挙げられているのが、「世の中には戦時と平時がある」です。これは、戦争をしている状態か、そうでない状態かでわけた表現です。

現代では国連憲章によって法的には「戦争」は存在しないことになりました。

では、平和と平和でない状態との区別はなくなったのかというと、残念なことに人類の歴史から、これで殺し合いが消えるわけではありません。国連憲章ができた後も、世界中で無数の戦いが起きています。それを「戦争」といわないのなら、何になったかというと、全部「紛争」になりました。

戦争と紛争の違いはどこにあるでしょうか。

宣戦布告で始まって講和条約締結でもって終わるのが、いわゆるウエストファリア型の「戦争」です。この「戦争」を否定するということは、武力をもって権利を主張するという行為が、いつ始まっていつ終わるのかわからなくても良くなったということです。現在の国際法は、その適用開始の要件から宣戦布告の有無を問わなくなっています。

「このけじめがつけられない」ということは、味方・敵・中立の設定もいい加減になるということです。特に重要なのが、中立国の設定です。味方、敵の双方に武器などの提供や供与がいつから禁止されるのか明確にならない、あるいはそれを無視できることになるので、むしろ悲惨な結果を招きかねない要因を増やしています。

昔のウエストファリア型の戦争であれば、まだしも「決闘」的なルールがあったのですが、国連憲章下の「紛争」では、それもなくなってしまいました。「戦争をなくす」という理想の下、かつて忌まれた「何でもありの野蛮な殺し合い」スタイルが再び頭をもたげているのは、何とも皮肉なことです。

いきなり答えを求めはしませんが、本当に「戦争は、この世で最も悲惨なことなのか」「戦争よりも悲惨な暴力は存在しないのか」を考えてみてください。

10 侵略・自衛・制裁

隣国内の大量虐殺を放置するのは正義か？

「Aggression」という言葉が「侵略」と訳されており、本書でもここまで使ってきましたが、本当はこれは誤訳です。「侵略」には、「侵し掠《かす》め取る」という漢語の残虐なニュアンスが入っていますが、本来の「aggression」にはそんな意味は含まれていません。正確に表現すると、「aggression」とは「挑発されていないのに先制攻撃すること」です。

国際法学者の佐藤和男先生は「aggression」を「unprovoked attack（挑発されない攻撃）」と定義されました。これがドイツ語になると、「挑発もされないのに」という道徳的なニュアンスすらありません。どちらが先に攻撃したかの行為だけが問題で、そこに道徳は介在しないのです。

この場合の攻撃は武力交戦とは限りません。軍隊を使わなくても、テロリストを使って原子力発電所を破壊するというのも攻撃になります。経済制裁も武器を交えないだけで、一つの攻撃です。また、たとえば「東京を火の海にしてやるぞ」という言葉も挑発にあたります。佐藤先生は「unprovoked（挑発されない）」という定義にこだわり、世界中の国際法学者にこれでいいかと聞いて回り、全員から賛同を得たそうです。

「Aggression」を正確に訳すなら「侵攻」です。より細かくいうと、一九二八年までは「進攻」のほうを使うべきだと佐藤先生は主張しています。一九二八年というのは、国際会議で不戦条約が提起されて、初めて「aggressive war」の違法化が議論になった年です。第一次大戦以前には戦争はあって当然のもので、自由に行なわれていましたから、違法か合法かを問うまでもありませんでした。

佐藤先生の「侵攻」の定義は、何の挑発もされないのに先に殴ったら、それは問題だろう、ということです。

さらに深く考えましょう。

「日本国憲法九条の『侵略戦争を放棄する』という解釈は守るんだ」といっている保守政党があります。では、隣国で、かつてカンボジアでポル・ポトが行なったような無慈悲な大量虐殺が起きても、助けないのでしょうか？　何百万もの無辜《むこ》の民が殺されていても、知らん顔を決め込んで放置することが正義なのでしょうか。

「Aggression」を侵略という誤訳のまま考えると、「侵略は残酷なことだから悪に決まっている、すべきではない」という結論になるのでしょうが、すべての「Aggression＝侵攻」は悪なのかということは、実は難しい問題なのです。どんな事情（ポル・ポトの虐殺など）があろうとも、相手が挑発してこないかぎり、先に殴ってはいけないのでしょうか。

そこで、国連決議を待つべきだという答えもあります。国連を使うという外交技術はわかります。しかし、国際法のあるべき姿を考えた場合に、ベトナムがポル・ポトを打倒するために行なったカンボジア侵攻は悪といえるのかどうか。

他国の侵攻に対抗するのが自衛です。自衛と侵攻というのは対照的なものだということがわかります。自衛は、「Aggression」の反対です。

先ほど、「経済制裁」という言葉が出てきました。制裁のことを干渉ともいいます。もちろん、経済制裁だけでなく、武力制裁もあります。

干渉には、自衛を助けるための干渉もあれば、その干渉自体が侵攻となる場合もあります。たとえばユーゴ紛争は典型的な干渉戦争、別名「制裁戦争」です。

制裁に人権が絡むと干渉です。人道的干渉という言い方をすることもあります。第三者が制裁することを干渉といいます。これはやられた側からすると「侵攻」になりかねない。

同じ事実が、立場によって呼び方が変わるのが国際法です。だからこそ、武器として使いこなそうと、どの国も必死なのです。

11　復仇《ふっきゅう》

拉致問題で「頭がおかしい」のは日本

復仇とは、国際法用語で「仇討《あだう》ち」のことです。典型的な自力救済です。国際法の主体である国家は、自力救済ができることが前提です。復仇は国際法上認められる自力救済ということです。

北朝鮮による拉致問題で、「頭がおかしい国」と思われるのは北朝鮮ではなく日本であるというのは、日本が拉致という犯罪に対する自力救済としての復仇を行なわないからです。

何度も繰り返していますが、自分の権利を自分で守れない国は、マトモな国として扱われないのです。また、悪いことをした国よりも、悪いことをされて泣き寝入りする国こそマトモ扱いしないのが、国際社会なのです。

12 違法

「犯罪」と「約束違反」を混同する愚かしさ

違法ということを上位概念とすると、その下位概念に、犯罪と不法があります。

違法なものが犯罪です。違法性は高いけれども、法律に罰則規定がない、あるいは法律として規定がないものが不法行為または脱法行為です。約束違反は、文字通り約束にそむくのですが、違法性を問えるものから問えないものまで幅があります。

歴史学者で東京大学教授の加藤陽子先生は日本の約束違反にすぎないものを犯罪の如く扱う一方で、通州事件（一九三七年七月に中国の通州で日本人二百数十人が猟奇的に虐殺された事件）のような中国の完全な犯罪を約束違反にすらしていません。待ち合わせをした時間に

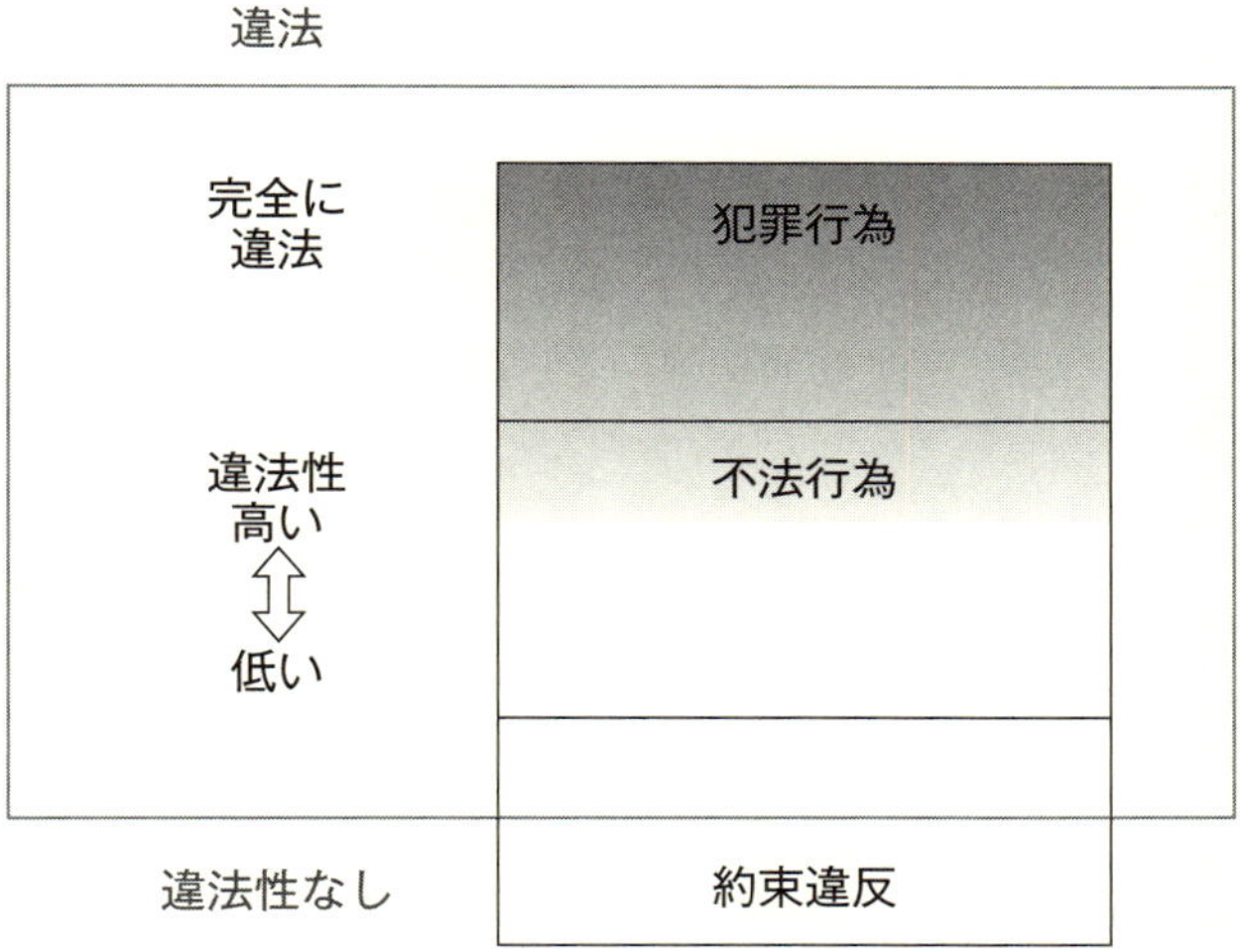

遅れるという話と、通学中の小学生の女の子が石を顔面にぶつけられて殺されるという話は同列ではありません。次元の違う話です。

かつて、戦争に関する法を戦時国際法といいました（現在では、後でも述べますが、戦争の違法化に伴い、国際人道法や武力紛争法と呼ばれます）。このうち、戦争中であろうとも敵と味方がお互いにやってはいけないことを定めたのが、交戦法規（ユス・イン・ベロ＝jus in bello）です。戦争という武力行使に訴える権利を規律する国際法は、開戦法規（ユス・アド・ベルム＝jus ad bellum）といって、開戦の手続きを定めたものです。

一口に法規といっても、これらは性質が違います。非戦闘員の子供や女性や老人を虐殺して死体まで凌辱するというのは交戦法規の違反です。開戦の手続きに不備がありました、というのは開戦法規のほうです。

犯罪と約束違反は、次元が違います。約束違反は往々にしてあるからこそ、犯罪は断固として許さない、という法の精神でできあがっています。その集大成が戦時国際法です。

戦時国際法は、軍事的合理性に適《かな》わない無理な要求はしません。戦争はお互い勝つためにやっているので、そのために必要な軍事行動は認めます。本来、殺人は犯罪ではあるけれども、戦争の状態で必然的に発生する殺傷を「一切するな」というような無理はいいません。だからこそ戦時と平時、戦闘員と非戦闘員の別が重要なのですし、それこそが違法性を争う焦点になるのです。

「人道性」とは軍事合理性と関係のない、不必要な殺傷や攻撃を禁止する原則です。つまり、死体の凌辱や残酷な拷問、傷病者に対する攻撃など、戦争に勝つために必要がなく、たとえ戦争中であっても違法性が阻却されない違法な行為を禁止しているのです。これらは約束違反ではなく犯罪です。

刑事裁判と民事裁判にたとえればわかる

民事裁判と刑事裁判

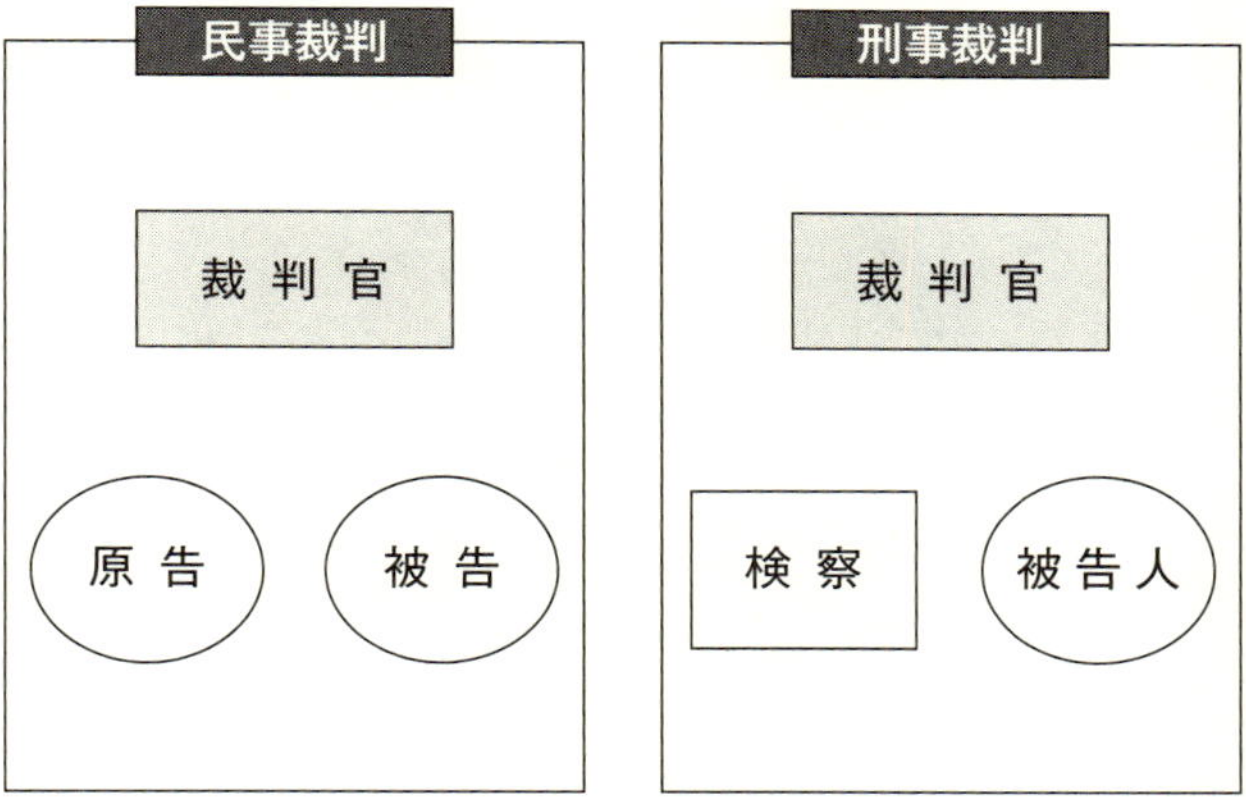

国際法は仁義、つまり約束でできあがっています。約束を別名、行為規範と呼びます。

その上で特に不必要な殺傷は犯罪として断固として処罰しよう、という歴史的な約束の積み重ねでできあがっています。「もし国として破る国がいたら、その国はマトモな国として扱わないようにしよう」という合意が抑止力です。戦いのときに国際法を守らなかった個人は裁判で裁かれます。国際法のこの部分は、裁判規範です。裁判規範の定義は単純で、「裁判の準則となる規範」です。

歴史問題で戦前の日本を糾弾している人たちの――控えめにいって九割が――行為規範と裁判規範を混同しています。

行為規範の違反と裁判規範の違反は、刑事

裁判と民事裁判にたとえると違いがわかりやすいでしょう。

前ページの図の中で、四角で囲んでいるのは政府機関、丸で囲っているのが私人《しじん》です。民事裁判は、原告（訴訟を提起した側）と被告（訴訟を提起された側）の双方が私人です（ここでは政府機関が当事者となる行政訴訟はおいておきます）。民事裁判は、私人間の争いを判断するものです。たとえば、喧嘩《けんか》で殴り合いになり、けがをしたので治療費と慰謝料を支払えと原告が請求した場合、圧倒的に被告が悪ければ○対一〇〇的な判決もありうるわけですが、どちらも悪い場合には僅差の五十一対四十九という答えもありますし、逆に被告が勝ってしまうこともあるのが民事裁判です。民事裁判の特徴は、〇対一〇〇を前提としないということです。

民事裁判というのは法律を使った決闘です。ヨーロッパでは「決闘裁判」といって、実際に決闘で裁判の決着をつけていた時期もありました。ヨーロッパで決闘裁判がすたれたのは、結果が真実と関係なく出されてしまうのと、主権国家体制に移行して、決闘という自力救済の方法が私人から取り上げられたからです。日本でも、審神者《さにわ》とか盟神探湯《くかたち》、鉄火起請《てつかきしょう》などご神託を仰ぐ方法が使われていましたが、それと同じです。

民事裁判は違法性や善悪の決着をつけるというよりも、双方が納得する着地点を判断することが最大の目的です。だから、勝敗の比率が僅差になることもあれば、開くこともあるわけです。場合によっては、勝敗をつけず和解を勧めることもあります。

対して、刑事裁判はどうかというと、被告人（私人）が検察官（政府）によって起訴され、違法性の有無で裁かれます。刑事裁判では「疑わしきは罰せず」ですから、被告人が有罪と認定されるためには、検察官は一〇〇対〇で勝たなくてはなりません。処分の具体的な内容は微調整されますが、基本的には被告人の有罪無罪を争うのが刑事裁判です。刑事裁判の特徴は、必ず〇対一〇〇で決着がつくことです。

東京裁判における最大の問題は、戦争という決闘、すなわち民事裁判を、刑事裁判で裁こうとしたところにあります。

しかも、対等の国家どうしの決着であるべきところを、戦勝国側が検察官、裁判官となって敗戦国の責任追及を行なった点です。検察官はともかく、裁判官が中立国ではない時点で、裁判と呼べる代物ではありません。それに、本来は戦勝国だって戦時国際法違反は裁かれるべきものです。

それまでの戦争は、第一次大戦も含めて講和会議で賠償金を支払うなり、領土を割譲するなりの制裁を受けることによって終結させていました。ところが、戦争をやったこと自体を犯罪とし、指導者を犯罪者扱いした東京裁判は、実は文明の劣化以外の何物でもありません。そのことは、これまでの説明でも何となくおわかりいただけると思いますが、本書のこの後の話をお読みいただければ、より明確におわかりいただけるようになると思います。

ジュネーブ条約を周知徹底しないのは非文明国

戦時国際法は、今は宣戦布告で始まる戦争が法的には存在しなくなり、国際人道法と名を改めました。その成文化されたものの中にジュネーブ条約があり、その中に周知徹底義務があると記されています。皆さんはご存知でしたでしょうか？　ジュネーブ条約にどのようなことが書かれているかを、政府は周知徹底しなければいけないのです。

安全保障学と軍事史が専門の樋口恒晴先生が、私が主催する倉山塾で「安全保障講座」を行なった際に講義の中でおっしゃったことによると、日本でジュネーブ条約の周知徹底が行なわれていないということは、日本は文明国ではないということだそうです。

これも樋口先生が講義でおっしゃっていたことですが、かつてベトナム戦争か何かの折に東大医学部自治会が「米軍の戦病者の医療はやらない」と言い出したそうなのです。「われわれは平和で行くのだ」というのはよいのですが、ジュネーブ条約に「敵対行為に直接に参加しない者（武器を放棄した軍隊の構成員及び病気、負傷、抑留その他の事由により戦闘外に置かれた者を含む）は、すべての場合において、人種、肌の色、宗教若しくは信条、性別、門地若しくは貧富又はその他類似の基準による不利な差別をしないで人道的に待遇しなければならない」と書いてあることを破ってしまうのはいかがなものでしょうか。

おそらく東大医学部自治会の諸君は、自分のいっていることがわかっていなかったでしょうが、己のいっていることが野蛮であると知ったら考え直すでしょうか。

13　外交官

「相互公認スパイ」の歴史と作法

端的にいってしまえば、外交官とは、「相互公認スパイ」のことです。

国際法は「悪いことをしてはいけない」という前提で作るのですが、同時に「悪いことがある」という前提で作られているものでもあります。法はあるけれども、そんなものは守らないという前提で、悪いことをしてはいけないといっているという複雑な面があります。

送る側も、送られた側も、お互いに悪いことをされるという前提で認めあっているスパイが外交官です。

外交官には、その役割上、特権が与えられています。外国の国内であっても、大使館または公使館という自分の領土と同じ扱いを受ける場所もあります。外交官身体不可侵の原則があり、国に対して脅迫してもよいが、外交官の身体に対する脅迫をしてはいけないというのが国際法の大原則です。

外交官とスパイの仕事がかぶる点は、情報収集です。ただ、外交官と違って、スパイは非合法活動も行ないます。外交官は非合法活動がバレたらペルソナノングラータと認定されて追い返されます。

ペルソナノングラータとは「好ましくない人物」を意味する外交用語で、他国から派遣された外交官が接受国にとって受け入れがたい場合、理由を示さずに「この人はうちにとってペルソナノングラータです」と通告して追い返していいことになっています。

外交官を派遣する際、アグレマンといって、相手国の同意を得ることになっています。最初から危ないとわかっていればアグレマンを与えず、受け入れを拒否する場合もあるわけです。

外交官というのは、もともとは軍使でした。十字軍時代、キリスト教徒たちはやみくもに異教徒を殺戮《さつりく》するのが常だったわけですが、無益な殺傷をせずに交渉ができるよう、お互いに軍使は殺さないようにする約束をするようになりました。軍使の役割が整えられて現在の外交官という職業になったのです。

日本の戦国ドラマでも、軍使が外交交渉をしている場面を見ることも多いですが、同じです。

外交官が軍人の派生職種である以上、軍事の理解がなければ勤まる職業ではありません。軍人の仕事が全部できる中でも、さらに最も優秀な人が就く職業なのです。普通の国の外交官は、その国でいちばん優秀な人がなるものです。

ヨーロッパでは貴族しかなれないのが外交官です。大使絶対、公使絶対の世界なので、その下の部下や助手は何の権限もありません。全権大使ともなると、本当に全部握って一人で判断するものなのです。

日本の明治政府では、外国相手に頭を下げるのを嫌って薩長の優秀な人材が就任を避ける伝統ができてしまいました。後に駐ロシア特命全権公使になる榎本武揚や駐清国特命全権公使となる大鳥圭介などは幕臣でしたし、上級武士ほど外交官をやりたがりません。たまに陸奥宗光や小村寿太郎といった突然変異的に優秀な人材も出てきますが、二人とも薩長の出身ではありません。

外交官に「成果」を求めるのは大間違い

パーマストンの時代くらいから、どこの国にも外務省ができるようになります。それ以前の外交というのは、日本の戦国時代の交渉事と同じで、発言権があるのは当主と家老だけで、後は右筆です。つまり外交官は使者で、決定権があるのが元首、大臣。後は書記がいるだけです。

現代のように、どこの国でも外務省が巨大な規模になっているというのは新しい傾向です。世界中に国が増え、人や物の行き来も活発になってきたので、国の数だけ駐在させておかないと対応できなくなってきています。

ただ、本当の仕事として何をやっているのかは、傍目《はため》にはさっぱり理解ができません。何しろ、人脈を作って情報を取り、相手国を動かすのが仕事ですから。夜はパーティー、昼間はハンティングみたいな人が、実は優秀だったということもあります。外交だけは本当に評価が難しいのです。

なお余談ですが、日本の外務省の特徴は、成果を出さなければいけないという強迫観念が強すぎることです。外交で成果を出すというのは、対国内的には国益を譲歩するということですから、必ずしもいいことではありません。外交交渉では、一切合意をせずに途中で席を蹴ることが国益を守る場合もあるのです。何がなんでも相手国と何らかの合意を得なければならないというのは勘違いです。

第3章　国際法はいかに成立し、進化したか

1 国際法の原型・ローマの「万民法」

ローマ法を誰に適用するのか

前章では、「国際法」の取扱マニュアルとして、用語集的に解説してきました。この章では、「国際法」の世界史的な流れを説明していきます。2章と3章を併せて読んでいただくことで、国際法のベースの知識はしっかりと押さえていただけると思います。

現在の国際法は一六四八年ウエストファリア条約から始まりますが、原型はローマ帝国の「万民法」に求められます。

ローマ帝国は、強力な軍隊によって周辺諸民族を併合していきますが、ローマ帝国の版図に入った他民族の法や習慣を尊重しました。ローマの「万民法」は、それらの法の上位にあって帝国全体に適用された法です。

ローマの建国初期にはローマ市民のみに適用する市民法が使われていたのが、版図が広がるにつれて、ローマ市民以外にも適用される万民法が使われるようになりました。

ちなみにローマ市民とは、もともとはローマの正規軍に参加する者たちのことを意味します。もちろん傭兵ではなく、普段は農業など日々の仕事に従事しつつ、有事となれば兵士として戦うのです。その分、ローマ市民には、民会での投票権や執政官（コンスル）など公職者の選任権などの参政権が与えられていました。

ローマ市民は、崇高な義務を果たして権利を行使する人びとですから、帝国内ではもちろん重く扱われました。「ローマ皇帝は、たった一人であろうともローマの市民権を持つ市民のために国家の総力を挙げて戦争をする」ともいわれたものです。

しかし、紀元前二一六年から紀元前一四六年のポエニ戦争（カルタゴとの戦役）の頃から、だんだんとその原則が崩れはじめ、市民権が拡大されていきます。戦いが長期にわたる厳しいものだったので、それまでの市民だけでは軍隊を賄いきれなくなってきたためでした。そして、西暦二一二年には、ローマ帝国内の全自由民に市民権が与えられることになっていきます。

ローマ市民に適用される「市民法」は、記録に残っているものだけでも紀元前四四九年に起草された十二表法はじめ古い伝統がありますが、紀元前二四〇年頃から、ローマ市民以外にも適用される法律を運用していこうという動きが強まります。それが「万民法」となって

ローマ帝国

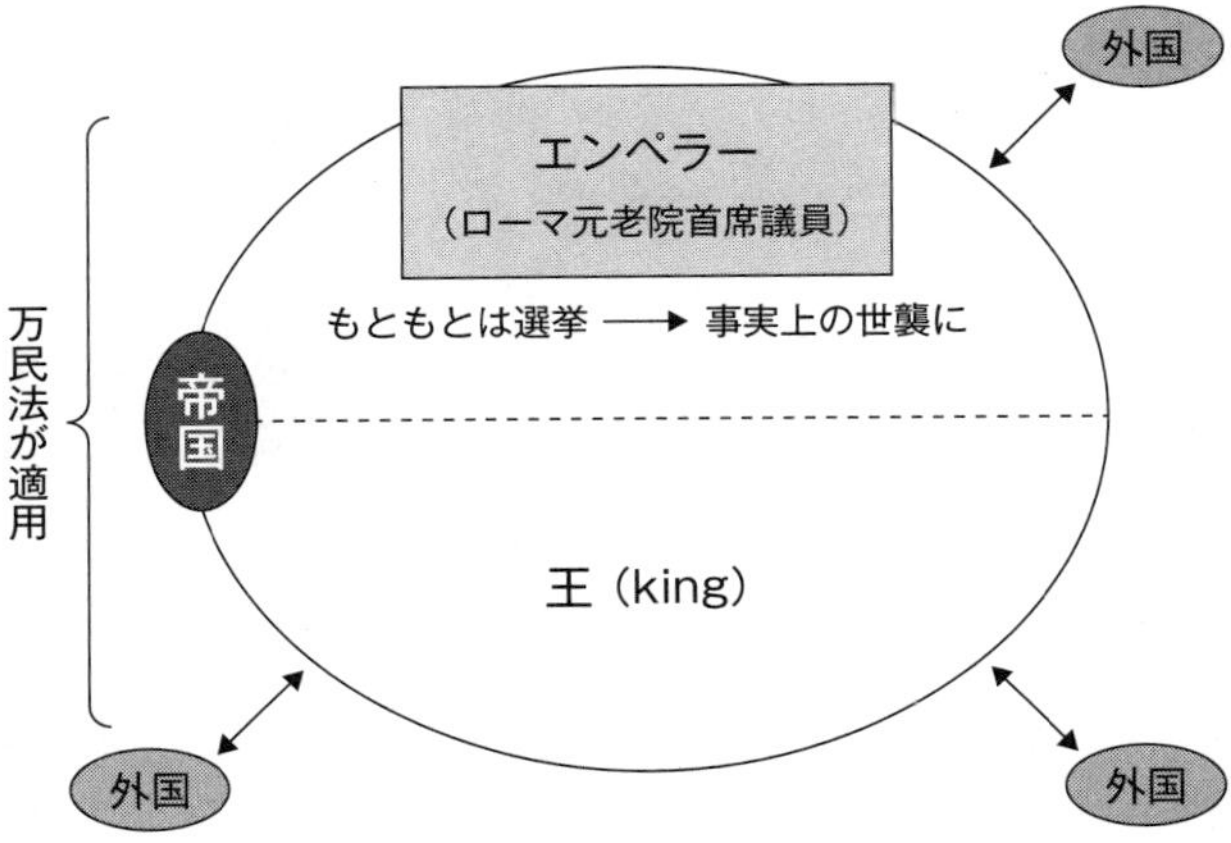

いきます。この万民法はそれぞれの民族や共同体に固有の法や習慣を超えて、ローマ市民にも非ローマ市民にも普遍的な規範として等しく適用されたため、国際法の原型と呼ばれています。

ローマ帝国の帝国＝Empireとは、皇帝＝Emperorの影響下にある地域をいいます。勢力圏といってもいいでしょうし、最も適切な訳は「版図」でしょう。帝国＝Empireに入った人には、ローマ市民権の有無にかかわらずローマの万民法が適用され、その外の人にはローマの法は適用されません。

皇帝＝Emperorは、他の王＝kingや国家＝nationを併合して膨張していく存在です。つまり、万民法は複数の国家の法としての性質を持つので、その意味では確かに国際法の原型ということができますが、帝国の国内のみが適用範囲という点では国内法にすぎないともいえます。

国際法というからには、ローマ帝国と外国との約束であるべきでしょうが、そういう法は存在しませんでした。あくまで、万民法は帝国内の法規範です。

「王」と「皇帝」の違い

ローマ帝国が個々の国家を超える存在としてその上位にあったことは、ローマ皇帝の呼称Emperorの意味からもわかります。後で出てくるヨーロッパ中世の話でも「帝国」と「王国」の違いが重要になってきますので、今のうちに王（king）と皇帝（Emperor）の意味を説明しておきましょう。

「king」は血族を示す「kin」から派生した語で、「kind」とも同じ語源です。血のつながりのある一族の長という意味があります。

一方、「Emperor」の語源はラテン語の「imperator」で、文字通りの意味は「命令する人」、軍司令官や凱旋《がいせん》将軍を指す称号です。正式なローマ皇帝の称号は、「インペラトル・カエサル・神の子・アウグストゥス・大神祇官うんぬんかんぬん……」と非常に長いのですが、その中で大事だったのが「ローマ元老院首席議員」（プリンケプス）という称号でした。つまり、本来Emperorというのは「選挙で選ばれる」というニュアンスを持つ地位でした。

実際、ナポレオン・ボナパルト（一七六九年～一八二一年）も、その甥《おい》のナポレオン三世（一八〇八年～一八七三年）も国民投票でフランス共和国皇帝に就任していますし、ローマ帝国でも、仮に跡継ぎが皇帝の息子であっても、元老院の推薦によって皇位が継承されるという建前になっていました。長野県に第一回衆議院総選挙から平成に入るまで、代々、小坂家の一族が代議士を務めていた選挙区があります。それと同じことをやっていたのがローマ皇帝＝Emperorだったということです。

2　混沌の中世から誕生した「外交官」

ローマ教皇に従わなければ「人権剝奪刑」

中世に入るとヨーロッパではキリスト教徒の信徒数が激増し、教会が強い権威を持つようになりました。八〇〇年、ローマ教皇のレオ三世（七五〇年？～八一六年）はフランク国王

カオスな中世

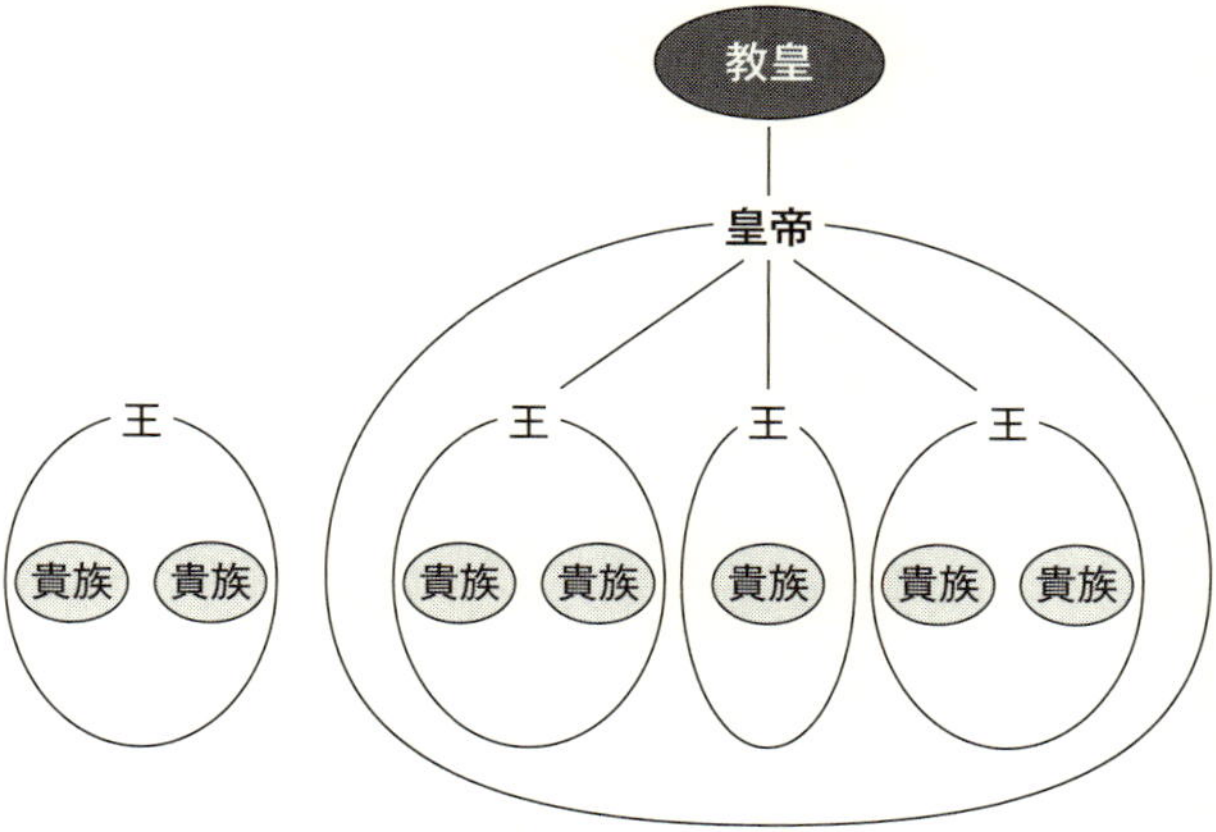

のカール（七四二年〜八一四年）に西ローマ皇帝の帝冠を授けます。正確には、授けたというより強制的に帝冠をかぶせたといわれています。これ以後、世俗の王位は教皇によって承認されることになりました。

皇帝の存在は「ローマ教皇」と「王」に挟まれる〝中間管理職〟という悲哀めいた立場になってしまいました。

しかも王も、その下にいる貴族たちも、それぞれが所領を持っていて、勝手に治外法権を主張します。中には、ローマ教皇と対立し、その影響下から出ていく王も現れます。その第一号がイギリスのヘンリー八世（一四九一年〜一五四七年）で、その結果、イギリスはカトリックから聖公会の国へと宗教改革することになります。

ところで、ローマ教皇は幾たびも皇帝に聖地・エルサレムを奪還するための十字軍の派遣を命じました。皇帝に命じられて、王たちは借金をして赴き、現地を略奪破壊して帰りますが、負けて帰ってくるのが常でした。それでも、従わなければ「破門」になります。ローマ教皇から破門されるということは人権剝奪《にくだつ》刑と同じ意味を持ちました。「村八分」どころでは収まらぬ、「村十分」です。

ローマ教皇や教皇庁が考えていたこととは、〝聖地を奪還する〟という目的の完遂「だけ」ではありません。その目的達成のために手段を選べと強調します。聖地を奪還するためには、〝今、そこにいる異教徒を殲滅する〟という手段こそが重要でした。イスラム教徒を見たら殺せ、楽に殺したらお前も悪魔だ、それを見て目をそむけた奴も悪魔だという具合に無限大に殺戮の対象を拡大します。相手を完全に屈服させないと満足できない「総力戦」思考です。

賢人皇帝フリードリヒ二世の「目的限定戦争思考」

しかし、こうした「殺戮が目的化した戦争」に疑問を抱く賢人が現れます。

第六回十字軍を率いたフリードリヒ二世（一一九四年～一二五〇年）がその人です。彼は「玉座に座った最初の近代人」といわれます。フリードリヒ二世は、十字軍で戦争を行なう目的はエルサレムにキリスト教徒が巡礼できることではないかと考えました。結果を達成するために手段を限定したのです。後述するウエストファリア体制以降での合理主義に基づく「目的限定戦争観」で考えたのです。そこで、戦争を進める上でお互いの意志を伝える相手として、お互いに公認して、殺さないでおく存在＝軍使が誕生します。この軍使が現在の外交官の原型といわれています。

フリードリヒ二世は、イスラム教徒と交渉して巡礼権を勝ちとることに成功しますが、教皇庁は「交渉で奪還できるなら、もっと強気に出られたではないか」と批判しました。ローマ教皇グレゴリウス九世（一一四三年？～一二四一年）は、イスラム教徒を屈服させることなく巡礼権を得たことに怒り、フリードリヒ二世を破門します。その後、グレゴリウス九世はフリードリヒ二世に十字軍を差し向け、二十年に及ぶ凄惨な戦いを続けることになります。

単純化すると、「目的を達してきたのに、それ以上、何がしたいんだ？　無益な殺戮なんてしなくていいだろ？　こっちだって返り血を浴びる可能性が高いんだから！」とする皇帝と、「つべこべいわずに殺してこいや！　向こうがおとなしく話を聞いたということは、もっと付け込む余地があったということだろ！」とする教皇の対立です。

フリードリヒ二世が、友好関係を持ったイスラムのスルタンに送った手紙には、ローマ教皇がいかに野蛮人かが綴《つづ》られています。手紙を読んだイスラムの宮廷の人たちがドン引きするほどの内容でした。

近代を理解するためには、一六四八年以前と以後の教会の理解が必要です。一六四八年以前の教会は、主権国家よりも強い存在でした。教会は恐ろしく強い力がありましたし、ヨーロッパ人はほぼ全員がキリスト教信者です。

とはいえ、ヨーロッパ人はそう単純でもおとなしくもなく、インノケンチウス三世（一一六一年～一二一六年）のように強い人が教皇であれば従いますが、レオ十世（一四七五年～一五二一年）になると、「お前なんかのいうことなんか誰が聞くか」という態度をとることもありました。

近代政治学の祖であるニコロ・マキャベリ（一四六九年～一五二七年）は、この歴史を踏まえてフリードリヒ二世の考えた「結果が手段を正当化する」という結果責任を強調しています。

この時代のローマ教皇の「総力戦的思考」と、フリードリヒ二世の「目的限定戦争思考」の対立は、現代の国際法、国際政治の理解に非常に重要な対立概念となるので、よく覚えておいてください。

3　暗黒の中世からウエストファリア体制へ

仮借なきリシュリュー、人を支配するより粉砕する

ウエストファリア体制とは、教皇と皇帝は国家に介入させず、領地を国家とする王どうしが対等で、王様の下にいる貴族は王に従う体制です。

これを最初に西ヨーロッパで理論化したのがジャン・ボダン（一五三〇年～一五九六年）で、『国家論』で「主権」という概念を発明しました。フランス国王が権力を握るところから逆算して理屈を考えたら、今の主権国家の原型になったといわれています。この体制では、フランス国王はローマ教皇にも神聖ローマ皇帝にも従わず、フランス国の王様と契約している貴族は王様に従い、貴族も含めて王様に従っている人がいる領域をフランスと呼ぶの

だとしました。当時、国境線はあいまいでしたが、要するにフランス国王の実効支配の及んだところをフランスと呼ぶことにしたわけです。

このボダンの理論を実行に移したのがリシュリュー枢機卿（一五八五年～一六四二年）です。リシュリューは、一六二四年にフランスの宰相に任じられ、最も理想的な国民国家と称されるフランスの礎を築きます。アレクサンドル・デュマの小説『三銃士』では悪役として印象が強い人物ですが、私利私欲ではなくフランス国のために尽くしたピカレスクヒーローとしても描かれています。

リシュリューは、まず「王の権力は神より与えられたのです」と「王権神授」を宣言してフランス国王ルイ十三世（一六〇一年～一六四三年）の権威を強化しました。絶対主義の導入です。前節に書いたように、王の下にいる貴族たちは好き勝手をしている状態だったので、異論を挟むことができないように王に逆らう者は力で叩き潰しました。「仮借《かしゃく》なきリシュリュー、恐るべき枢機卿。人を支配するより粉砕する」といわれるのですが、リシュリューは「私の第一の目標は国王の尊厳、第二は国家の盛大」と明言しています。内政では官僚制度を整え、重商主義を導入して国を富ませ、傭兵を雇って常備軍を組織しました。この軍はイギリス海軍やバチカンにも勝利しています。

三十年戦争に関しては、金は出しても血は流さない形で介入しました。最終的に反ハプスブルク家の立場をとり、一六三六年にプロテスタントのスウェーデン側につき、戦争を終結に導きました。

主権国家と同胞意識の誕生

リシュリュー死去の二年後、弟子で後継者のマザランが主導して、一六四四年十二月四日、ドイツのウエストファリア公国で和平会議＝ウエストファリア会議が開かれます。

この会議の最初の四年は、会議を始めるために必要な前提条件を作ることに費やされました。安全の確保と、すべての参加者が納得する体裁は、現在のプロトコル（外交儀礼）として確立していきます。使用する言語も公用語として使われていたラテン語ではなく、各国の自国語にしました。こうした取り決めによって「主権国家は対等である」という事実を積み重ねていきます。

一六四八年になってようやく講和条約正式調印となり、三十年に及んだ大戦に終止符が打たれました。

このとき、スウェーデン女王のクリスチーナが「異教徒だって殺さなくていいじゃない！」

という人類史に残る画期的な一言を発しています。これを「宗教的寛容」と呼びます。

それまでは自分と心の中で違うことを考えている「かも」しれない相手は殺さなければならなかったのを、「殺さなくてもいい」ことにしようとしたのでした。その後も「なぜ殺してはいけないんだ?」と暴れまわる人が絶えませんが、いい加減にヨーロッパ人も殺し合いに疲れていました。ウエストファリア条約から数百年かけて、「人は殺してはいけない」という価値観が定着していきます。

この条約によって成立した体制を「ウエストファリア体制」といいます。ここで、重要とされるのは、

①ローマ教皇からの独立

②神聖ローマ帝国からの独立

③主権国家の並立

この三つの要件です。主権国家というのは王様です。王様の領地を国家と呼び、王様の主権が及ぶ範囲のことを主権国家と呼びます。ローマ教皇からも神聖ローマ帝国からも独立して、他の王様どうしは対等となりました。

これに対して、ローマ教皇は頑強に抵抗し、ウエストファリア条約の無効を宣言します。

精神的な結びつき

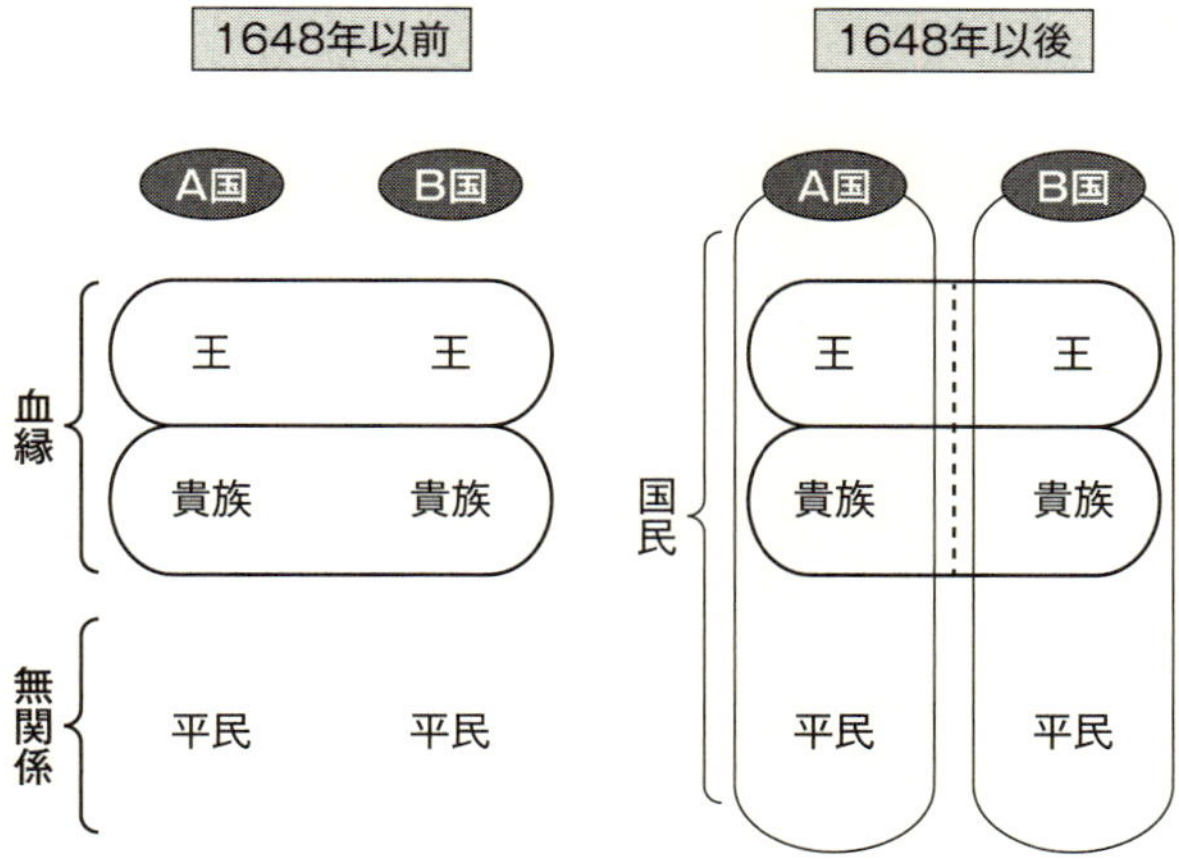

しかし、それに耳を貸す国はありませんでした。一六四八年以前には、貴族や平民はローマ教皇に追随していたので、王はローマ教皇から破門されるのを恐れましたが、もうその必要がなくなったからです。

ウエストファリア体制によって皇帝が王の一人に叩き落とされると、今度は皇帝のインフレが始まります。フランス皇帝、ドイツ皇帝、大韓帝国皇帝と、それまで王と名乗っていたものが、皇帝を名乗るようになりました。大韓帝国皇帝というのは、インフレの極致かもしれません。

さて、現代の意識では、フランスならフランス国王がいて、フランスの貴族がいて、フランス平民がいて、これがフランスという同胞意識を持つ範囲です。前ページの右の図のような意識が始まるのが一六四八年以降のヨーロッパです。

一六四八年以前の各国の貴族は親戚どうしで、平民に至っては生涯、村から一歩も出ないことも珍しくありません。一つの国として連帯しているという同胞意識はありませんでした。この図式は実は中国や韓国も同じです。

4 例外中の例外・日本という国

最初から「国民国家」だった日本

ところが、最初から現代と同じ同胞意識でまとまっていた国があります。

日本です。

日本だけは、天皇からホームレスまで、全員が「自分は日本人である」という意識を古代から持っていました。最初からこれが当たり前だと思っていると、混沌《こんとん》の中世からウエストファリア体制への変化がどれほど大きいかが理解できません。しかも、室町幕府六代将軍・

足利義教は、リシュリューがフランスに導入した絶対主義を二百年先に行なっていました（詳しくは、『歴史問題は解決しない』〈PHP研究所、二〇一四年。なお文庫題は『日本人だけが知らない「本当の世界史」』PHP文庫、二〇一六年〉）。ヨーロッパの最先端が日本に追いつくのに二百年かかっているのです。

国際法の理解のうえでも、実は日本が例外中の例外であることを意識しておく必要があります。

日本は小さな島国国家だと思い込んでいる読者の方もいらっしゃるかと思いますが、実は日本列島をヨーロッパに放り込んだら、日本は三番目の規模を持つ国です。それだけの国でありながら、村と同じような共同体として成立しているというのが希有《けう》なのです。

いつの時代も、関東人であろうが関西人であろうが同じ日本人です。七世紀以降、防衛拠点が置かれている北九州の人に、目の前の朝鮮人と、朝鮮よりずっと北に住んでいる東北の人間とどちらが仲間かと尋ねたときに「朝鮮人」と答える日本人はいません。朝鮮半島とは古代から人の往来があったと思いますが、あくまで防衛の意識のほうが強くて、仲間だという意識ではありません。

桓武天皇（七三七年～八〇六年）の母が、百済の武寧王（四六二年～五二三年）の子孫という渡来人氏族出身でしたが、例外中の例外です。百済が妃を送ってくることはありましたが、非常に稀なケースであって、日本の大王家と朝鮮の王族が婚姻によって親類付き合いになるということはありませんでした。桓武天皇の父である白壁王（後の光仁天皇）が宮廷の政争に無関心で、酒と女を趣味とする好き放題な生活をしていたので、たまたま天皇の后・母が帰化人となっただけです。

日本の場合、白村江の戦い（六六三年）のような事件をきっかけに、いきなり国民国家になったわけではなく、最初からその意識があったのです。琉球方言と津軽方言では会話が通じないだろうといわれますが、三カ月も一緒にいれば普通に会話が通じるようになります。方言がきついから慣れないだけで、外国語ではなく、同一言語なのです。コリアンは漢文で筆談は通じますが、やはり外国語であると認識されていました。

昔から海は海賊の進入路なので、大宰府は年中行事どころか日常のルーティンとして戦っています。そこで日本の領土として排他的な支配をしないかぎり生きていけないのです。対馬などは、琉球とは比較にならないくらい敵に攻撃されているので、そういう意識が強まります。

古代以来、日本は島国で海に囲まれているだけではなく、排他的な意識というのがあって、朝鮮人でも支那人でもなく、日本人だという意識がずっとあったのです。この日本人の感覚を、世界は千年以上をかけて追いかけていきます。

ここで二度、「排他的」と繰り返しましたが、この言葉が国際法においていかに重要かは前章で強調しておきましたので、忘れた人は復習しておいてください。

一つの宗教を客観視できることの意味

ユーラシア大陸は、領土や国境という概念が島国と比べて希薄です。「島国根性」という言葉は悪い意味で使うことが多いようですが、日本のこれは、実は世界の先端なのです。

私は、「一四四一年に琉球は日本国公式編入」と公言しています。沖縄に行ってみればわかりますが、神社である波上宮《なみのうえぐう》の隣には鎌倉時代に建立された仏教寺院の護国寺がありま す。神仏習合を普通にやっていることからも、琉球が日本文化圏にあったことは明らかです。少なくとも、嘉吉《かきつ》元年（一四四一年）以前に、沖縄島が中華帝国の版図になったことは一度もない。

中華には宗教そのものがありませんし、熱烈な宗教心を持ってはいません。

支那人は、ヨーロッパ人と違い、一つの宗教を色々な宗教の中の一つだと認識することができます。日本も古代から神道があり、仏教があり、その中でも宗派が分かれているので、宗教意識というものがあります。ところが、ヨーロッパ人ですと、たとえばバチカンはカトリックの教えのことを宗教だと認識しておらず、単なる「正しい教え」だと考えています。そこはイスラム教徒も同じで、今でも宗教と思っていません。イスラムの掟《おきて》と教えが生活そのものだからです。

一つの宗教を、客観的に複数ある中の一つだといえる時点で、近代宗教です。たとえば、親鸞（一一七三年〜一二六三年）は他の宗派との掛け持ちを許しています。ヨーロッパでは、カトリックとプロテスタントが掛け持ちすることは許されません。表面上、あくまで妥協として仲良くしているだけです。ウエストファリア体制によって、ローマ教皇から独立できたことは、信教の自由を得たことにもつながりました。

そういう歴史があることを踏まえれば、今のフランスの政教分離が徹底した宗教排除であることも理解できるでしょう。日本の法律家の中にはフランス型が政教分離だと思っていて、靖国神社を裁判で訴えてわけのわからないことをいっている人がいますが、宗教の排除にかけてフランスはアメリカよりも異常です。法律を正しく理解するためにも、正しい歴史認識が重要なことがおわかりいただけると思います。

5 論外中の論外「アジアの華夷秩序」

華夷秩序は国際法ではなくプロトコル

日本では、実証主義で定評のある中国史家でも「欧米に国際法があるならば、アジアには華夷《かい》秩序がある」「ローマの万民法にあたるのが、アジアでは華夷秩序だ」という勘違いをしていることがあります。

華夷秩序は国際法とはまったく違う代物です。この二つを混同しているようでは、日本は中国に対してまともな外交姿勢を取れませんし、「東アジア共同体」のような妄想の根拠にされかねませんので、ここでしっかり解説しておきましょう。

華夷秩序とは、中華帝国のプロトコル（外交儀礼）にすぎません。第1章でも書いたように、中国は古代から「力がすべて」の「法の概念が理解できない国」です。

この華夷秩序に、中国側に力がなくても勝手に従う国が朝鮮。一回も従ったことがない国が日本でした。

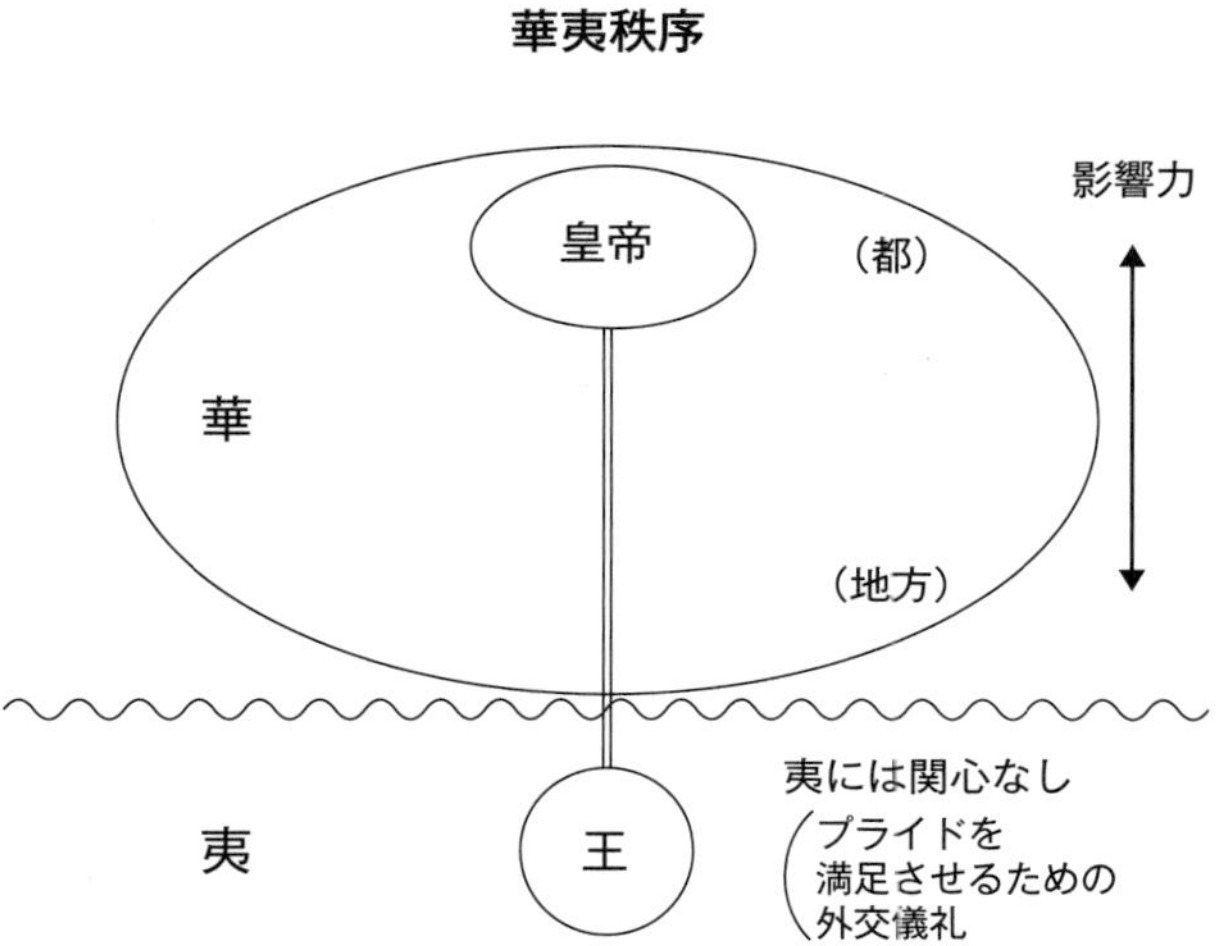

彼らの世界観は全体で一つの国なので、外国という概念がありません。皇帝を中心に、「中華」という皇帝の影響が及ぶ範囲があり、各地方を治める王がいて、その四方に北狄《ほくてき》、東夷《とうい》、南蛮《なんばん》、西戎《せいじゅう》と名付けられた蛮族がいるというものです。アッバース朝との戦いでイスラムに大敗したり（タラス河畔の戦い…七五一年）、トルコ人やチベットに殴られたり、満洲、モンゴルに征服されたりを繰り返しているので、〝脅威となる存在〟としては認識していますが、外国という扱いではなく、あくまで野蛮人扱いでした。

「中華」の最小単位は宮殿です。宮殿に皇帝がいて、皇帝の力（軍事力）が強ければ「中華」の範囲は限りなく広くなり、逆に弱ければ狭くなります。史上最も弱くなって宮殿だけが「中華」になってしまったのが、清朝最末期の紫禁城です。すでに一九一一年に辛亥《しんがい》革命が起きて城の外は中華民国（一九一二年〜）になったにもかかわらず、その後、一九二四年に強制退去させられるまで、紫禁城の中だけは皇帝溥儀（一九〇六年〜一九六七年）への礼が行なわれていました。

中華帝国の宮廷内では、臣下たちが自らのプライドとステイタスのために、近隣にいる権力者たちに朝貢の礼をとらせる働きかけを行ないました。朝貢に来る周辺諸国の領主たちは、何か手土産を持っていくと、その十倍ぐらいのお返しがもらえるのが通例でした。

朝貢というのは国と国の外交関係ですらなく、皇帝と周辺諸国の権力者たちとの個人的な関係です。ですから、皇帝が代替わりすると、新皇帝が新たに周辺諸国の有力者たちに朝貢に来てもらい、関係を結び直すことになります。

はるばる遠いところから、あっちからもこっちからも皇帝の権威と偉大さを慕ってやってきた、という建前になっていますから、来れば来るほど皇帝のプライドが満足するという話ではあります。しかし実は、朝貢というのは、決して皇帝の権威を高めるためではなく、臣下自身が宮廷内での権力闘争に勝ち残るための工作でした。「朝鮮国王とベトナム国王は俺が呼んで来たんだぜ」というように、自分の権力を誇示するわけです。

しかも、そのために国費を浪費することも厭《いと》いません。「応分の謝礼を払いますから、どうか朝貢に来てください」と、頭を下げて近隣諸国の支配者に来てもらうことも少なくありませんでした。朝貢や冊封《さくほう》（皇帝が印章などを授けて名目的な君臣関係を結ぶこと）というのは、中国側の目線に立つと「売国奴がのし上がるためのシステム」ともいえます。

野蛮な土地で何をしようがほったらかし

中華皇帝の宮殿の中では中華の外交プロトコルが絶対で、中華皇帝から見て「野蛮人」である東夷・西戎・南蛮・北狄（要するに、中華帝国以外のすべての地域）の人びとは、皇帝の宮殿の中では儀礼に従って皇帝に頭を下げなければなりませんでした。「野蛮人」どうしの序列もうるさく決まっていました。

では、朝貢していた周辺諸国が中華帝国の外でもそういう序列に従っていたかというと、まったくそんなことはありません。そもそもそんな序列など信じていないけれども、朝貢に行けば経済的な利益があるので適当に付き合っていたにすぎません。

中華帝国のほうも、自分の力が強ければ強制できますが、もし力が弱ければ、中華の力が及ばないところがすなわち「野蛮な土地」の定義なので、野蛮人が野蛮な土地で何をしていようがほったらかしです。ですから、歴代の中華帝国にどの程度の力があったかは、ベトナムあたりから見るとよくわかります。中華帝国に力があると思えば、ベトナム側は用心していうことを聞くふりをしますし、中華帝国が弱ければベトナムは好きなようにしていました。

唯一、序列を本気にしていた例外的な国が朝鮮です。北朝鮮もいまだにその感覚ですから、拉致被害者を取り返しに行った小泉純一郎さんでも、北朝鮮に行けば「ここに立ってください」と指示されるわけです。

というわけで朝鮮はともかくとして、その他の周辺諸国は自国の領内にまで華夷秩序や中華の国内法を受け入れたことはありません。戦争や武力干渉の原因に使われると困るので、進んで年号の使用などをしていただけです。遣唐使などで、日本も朝貢の礼をとったといわれることもありますが、厳密には通商であって外交ではありませんでした。菅原道真が遣唐使を廃止したのが八九四年、日清修好条規が一八七一年ですから、千年も国交がない状態が続きました。

なお、「日本も室町幕府は明に勘合貿易で冊封されていたではないか」と考える人もいるかもしれません。それがどんなものだったかは、『倉山満が読み解く太平記の時代』（青林堂、二〇一六年）をお読みください。結論だけいうと、あれは室町幕府が明からカツアゲをしていただけです。

6 ウエストファリア体制

王様どうしのゲームとしての戦争

話をヨーロッパに戻しましょう。一六四八年以降に確立したウエストファリア体制によって、ヨーロッパの国々はローマ教皇や神聖ローマ帝国の支配から離れ、国王の絶対的な権力によってまとまりを得る領邦主権国家が作られていきます。現代人がイメージする主権国家はウエストファリア体制によって成立したといえるのですが、初期の段階では、ヨーロッパの国は「国王の持ち物」であり、核となるのは国王です。ヘンリー八世がローマ教皇に逆らってから約百年かかってようやくここまで来ました。

ウエストファリア体制以前、国王の上位の存在であったローマ教皇や神聖ローマ皇帝はアンパイアだったわけではなく、彼ら自身もプレーヤーでした。上位の存在として「異教徒を殲滅《せんめつ》しろ」などといいながら自分もプレーヤーとして参戦していたわけですから、ヨーロッパが火の海になるのは当然で、迷惑この上ありません。戦いが始まると、誰も止める人がいないのですから。

ローマ教皇や神聖ローマ帝国皇帝を国王に超越する地位から叩き落とし、異教徒であっても殺さなくてよいという合意に至ったおかげで、総力戦はしなくて済むようになりました。もちろん、戦争そのものがなくなるわけではありませんでしたが、相手を完全殲滅するまでやめられない戦いではなくなったということです。

第1章、第2章でも説明しましたが、ヨーロッパでは、貴族など特権階級の人間どうしが争いになった場合は「決闘」によって決着をつける文化がありました。「勝利は正義の発露である」との価値観があり、決闘とは本来、貴族にだけ認められた神聖な儀式でもありました。おさらいですが、国内においては、もともと認められていなかった庶民だけではなく、やがて貴族や教会からもこのような権利は取り上げて国王が一元化していきます。こうしたことができる絶対的な力を「主権」と呼びます。

国内においては主権により個人の自力救済をやめさせますが、国際社会は主権を持った国家の集まりです。逆に自力救済ができない国は、国として認められません。

一六〇〇年代後半以降のヨーロッパの戦争は、国王どうしの間で行なわれる「決闘」を大規模化したものへと変貌します。戦争の目的が「相手の完全殲滅」ではなく、「領土や金を奪うこと」になり、目的限定戦争となって悲惨さが縮減される一方、〝王様どうしのゲーム〟としての性格を強くしていきました。

また、王様どうしの戦争が「決闘」だということは、ルールが確立し、プレーヤーが明確になるということです。「戦時」と「平時」の別、「戦闘員」と「非戦闘員」の別、「敵」と「味方」と「中立」の別を明確にした国際法は、この流れの中で培われていきます。

ナポレオン戦争が戦争の「形」を変えた

ところで、この領邦主権国家の誕生によって、中世ではローマ教皇に苦しめられたのと同じことを国王が自国内でやりはじめると、貴族や平民が革命で国王を倒す〝市民革命〟が起きるようになります。実際に、イギリス（ピューリタン革命：一六四二年〜、名誉革命：一六八八年〜）、フランス（フランス革命：一七八九年〜）、アメリカ（アメリカ独立革命：一七七五年〜）の三カ国で起きます。

この革命の影響によって、戦争のあり方が大きく変わることとなります。最も大きな転換点は、フランス革命とナポレオン・ボナパルトの登場でした。

それまでの国王どうしの戦争は、ほとんどが騎士や傭兵によって行なわれるものでした。しかし、革命を経たフランスでは、「祖国を守れ」という熱狂とともに義勇兵があちこちから駆けつけ、さらに一七九三年には革命を主導した国民公会が徴兵制度も決定します。

今では国歌になっている「ラ・マルセイエーズ」（作曲：一七九二年）はもともとマルセイユからやって来た義勇兵たちが歌っていた軍歌ですが、その有名な歌詞を読めば、当時の雰囲気はよくわかります。

「行こう、祖国の子らよ。栄光の日が来た！　われらに向かって、暴君の血まみれの旗が掲げられた。聞こえるか、戦場の残忍な敵兵の咆哮《ほうこう》を？　奴らはわれらの元に来て、われらの子と妻の喉を掻《か》き切る！　武器を取れ、市民らよ。隊列を組め。進もう、進もう！　汚れた血が、われらの畑の畝《うね》を満たすまで！」

こういう勇ましくも恐ろしい歌で国民を駆り立て、徴兵して動員していく軍隊を「国民軍」と呼びます（ちなみに「ラ・マルセイエーズ」は、早くも一七九五年に国民公会で国歌に決められています）。

もちろん、単純に同じ兵士数での軍事力だけを比較すれば、国民軍よりもプロの傭兵のほうが勝りますが、国民軍は自分たちが暮らしている共同体を守るという共通の目的でまとまっているので、散兵戦術が使えます。「散って戦え」と命じてもそれに乗じて逃げていったりしないからです。国民軍は機動力で勝ることができました。

周辺諸国も、ナポレオン戦争でのフランス軍の戦いぶりを経験して、国民軍を組織する体制のほうが戦争に強くなることを学び、それに倣うようになります。現代に至る「国民国家」はこうして形作られていきました。日本は六六三年の「白村江の戦い」のときには、とっくに国民軍だったので、ヨーロッパは実に千百年経ってようやく日本に追いついたことになります。

キリスト教国が「文明国」?

このように戦争の形は変わっていきますが、戦争が「決闘」であるというルールは、まだ変わりませんでした。

ヨーロッパの伝統文化に則れば、当然、決闘としての「戦争」を行なうには、プレーヤーの参加資格が問われます。ウエストファリア体制は、〝対等の存在〟である領邦主権国家の国王に、その資格を認めるものでもありました。

また、〝決闘としての戦争〟のルールが通用したのは、ロシアを含むヨーロッパだけの話です。ウエストファリア体制以降に生まれた国王間の約束事が「International law」であり、この「International law」が認める「決闘としての戦争をやる資格」を持つことができるのが主権国家で、これを文明国というようになります。

この文明国というのは、ヨーロッパで生まれた概念だけに、自ずとキリスト教国に限られる形となりました。カトリックもプロテスタントもオーソドクスも差別しませんが、〝キリスト教国〟ということが前提となったのです。当時のヨーロッパ人の常識からすれば、〝文明国〟というのは〝キリスト教国〟と言い換えても意味が通じます。ですから、「International law」はキリスト教国間の法という言い方もします。

現在、イスラム原理主義的な国のいくつかが、国際法を認めないような言辞を繰り返していますが、こうした歴史を見れば、それも当たり前の話ということがわかります。

明治の日本は当時の International law を「ヨーロッパ公法」と訳しています。明治政府の中には、不平等条約を撤廃するためには、日本もキリスト教を国教にしなければいけないのかと真面目に悩んだ人もいました。それほど当時の世界では、「文明国＝キリスト教国」というのは、当然の議論でもあったのです。

7　International law の二重基準

資格も力もない者は蹂躙しても構わない

〝決闘としての戦争をやる資格を持つ主権国家〟とは、国内に対しては国王もしくは国民国家として警察力を発動し、国をまとめ上げる力を保有すると同時に、対外的には排他的支配を確立できるだけの軍事力があるということです。

つまり、「主権国家」であるためには、今、挙げた文明国という文化的な側面だけではなく、まさに「決闘としての戦争をやる資格」としての〝力〟を持っているかどうかも重要な条件でした。「決闘をする資格」もなく、「力」もない者は、どんなに蹂躙《じゅうりん》しても殺しても構わないという身勝手な論理が通用するのがヨーロッパ文明です。

「International law」には二面性があるのです。

そもそも、十五世紀から十六世紀の大航海時代以降、アフリカ大陸や南北アメリカでは、多くの現地人が殺され、国を奪われていきます。先祖代々アフリカの黒人が住んでいても、弱ければ殺してもよいわけです。相手を侵略して先に自分のものにしてしまえばよいということにしたのです。これを「先占の法理」といいます。ヨーロッパ域外で発見したものには先占の権利があるという論理です。

いち早く南米で侵略と貿易の勢力圏領有をめぐって争ったのがポルトガルとイスパニアでした。

一四九四年にはトルデシリャス条約（Tratado de Tordesillas）によって、ローマ教皇アレクサンデル六世（一四三一年～一五〇三年）が定めた教皇子午線を境界とし、東をポルトガル、西はイスパニアの所領と定めます。どういう権利があってそういうことを決めたのか知りませんが、要するに教皇様が勝手に地球に線を引いて、アフリカはポルトガルの切り取り放題、アメリカはイスパニアの切り取り放題としたわけです。

なお、ここであえて「侵略」と使いましたが、彼らがアステカやインカで何をしたか。まさに漢語の「侵略」でした。

両国は東西からインドに向かっていき、やがて日本でぶつかることになります。ちなみに、そういう国際情勢を理解して、日本列島の外で予防戦争をした人の名前を豊臣秀吉といいます。つまり、すでにフィリピンを植民地にしていたイスパニアなどが明を支配してしまう前に、日本が明を勢力下に置こうという発想です。

「半文明国」に叩き落とされた国々

一八一四年にナポレオン戦争終結後のヨーロッパの秩序を決めるために開かれたウィーン会議で、この「International law」の持つ二面性、二重構造は決定的になります。ナポレオン戦争というのは、相手の国を抹殺するという戦争ではありません。打倒したかったのはナポレオン政権であって、フランス国そのものではなかったのです。

一八五三年から始まったクリミア戦争は、黒海方面での南下政策を推し進めるロシアとトルコが衝突し、トルコ側にイギリス、フランスがついて戦われた戦争ですが、これもお互いの政府を打倒する戦いではありませんでした。ちなみに、この戦争でトルコは、イギリスとフランスに助けられてロシアの侵略を防ぎます。トルコというのは、かつてはヨーロッパの国々が束になっても勝てなかった強国です。それがヨーロッパの国々の力に負けたのです。

一八五六年にクリミア戦争講和条約のパリ条約に調印したトルコは、このときヨーロッパ公法の体系に屈し、International law は直訳でいう「国際法」になりました。

それまで、ヨーロッパの中には文明国か、非文明国かの二つしかありませんでした。しかし、トルコは非文明国の植民地ではなく、アフリカや中南米の国々とは異なりました。そこで、文明国と非文明国の間に「半文明国」という概念が生まれます。

ヨーロッパの文明国はトルコに続き、ペルシャ（今のイランあたり）、ムガール（今のインドあたり）、清と侵攻を続け、それらの国々に不平等条約を押しつけて、「半文明国」に叩き落としていきました。そして、最後にやってきたのが日本です。

8　井伊直弼の決断

「グレート・ゲーム」と日本の開国

多くの人のイメージでは、約三百年の間、太平の眠りにあった日本に、ある日突然ペリーがやってきて、右往左往している間に不平等条約を押しつけられたというものではないでしょうか。

しかし、小著『嘘だらけの日米近現代史』（扶桑社、二〇一二年）をはじめとして何度か書いてきたように、嘉永六年（一八五三年）にペリーが来航し、翌年に日米和親条約を結び、さらに安政五年（一八五八年）に大老井伊直弼が日米修好通商条約を締結するまでの経緯は、このような単純な話ではありません。

まず大前提として、十九世紀は英露仏墺普が欧州と世界の五大国です。一八一五年のウィーン会議を最後に欧州では大きな戦争が起きなくなった一方で、欧州の外では英仏露が勢力圏を拡大していきます。特に、不凍港を求めて南下しようとするロシアと、それを押さえ込もうとするイギリスが「グレート・ゲーム」と呼ばれる地球を股にかけての覇権争いを展開し、前節で述べたように、その舞台がトルコ、ペルシャ、ムガール、清と、徐々に日本に迫ってきていました。

十八世紀末には、ロシアから日本へ何度も通商を求める使節が来航しています。また一八〇八年には、イギリスの軍艦フェートン号がオランダ船を追って長崎に入港したうえ、オランダ商船員を逮捕、長崎奉行に水・食料・薪《まき》を要求するというフェートン号事件が起こりました。日本はフェートン号の行動をまったく阻止できず、以後、イギリス船はわが物顔に日本の港に侵入し続けます。日本の安全保障は崩壊していました。

そんな中で一八四〇年、アヘン戦争で清がイギリスに屈服します。幕閣や知識人たちは衝撃を受けたものの、抜本的改革には至らずにペリー来航を迎えます。

このときアメリカがやってきたのは、日本にとってチャンスでした。それは、西洋列強に迫られて、もはや開国が不可避な状況で、まず、どこと手を組むのが日本にとって有利だったのかを考えればわかります。

当時、極東方面で抜きん出て強かったのが、グレート・ゲームを戦っているイギリスとロシアです。しかし日本は、そのどちらと先に条約を結んでもよくありません。地政学的に見て、ロシアと組んだらロシアに飲み込まれてしまうのは自明のことです。また、イギリスと先に組んでも、それを口実にロシアに侵略されかねません。そこへ出てきてくれた、ほどほどの実力の新興国がアメリカだったわけです。

「日米和親条約」で日本は下田と箱館を開港しますが、それ以外の港については、遭難や悪天候などの例外を除いて入港を禁じました。もう一つは領事館についての取り決めで、程なくして日本国内にアメリカ領事館を開設することを約束しています。下田・箱館以外には来るなという意図は明らかですし、日本はアメリカに領事館を開設する気がなく、開国を先送りするという意識なのです。

国際法で見れば、日米和親条約にはアメリカに対する一方的最恵国待遇が入っており、日本がアメリカに領事館を開設しないということは、すなわち片務的条約なのですから、不平等条約なのですが、幕府の認識は違いました。ここでアメリカに対する最恵国待遇を決めたことで、後から条約を結ぶ他の国に対しても「アメリカさんと同じ条件で納得してください」といえるという思惑もありました。ここで下手に黒船に大砲を撃ち込まれるよりはいいという、現実主義的な考え方をしたつもりでした。

歴史に残る開国を決断した、老中の阿部正弘について触れておきましょう。

阿部は、これまで政治参加を許さなかった外様大名に意見を聞いたために、中央政治に対する雄藩の介入を招くことになります。しかもその外様大名たちからは、以前から友人だった島津斉彬を除いて何一つ有効な意見が出てきません。いたずらに政治を混乱させただけでした。

しかし一方で阿部は、国際法を武器にして小笠原諸島の領有権を守ってもいます。現在、東京都に属する小笠原諸島は、江戸時代に信濃小笠原氏の一族が発見したという由来で小笠原諸島と呼ばれるようになった場所です。幕府は一六七五年に役人を派遣して調査を行なって地名の命名を行ない、「此島大日本之内也」という碑（標木）を建てました。ペリーが日本に来て江戸幕府に対して小笠原諸島の占有を宣言すると、阿部が率いる幕閣たちは、「一六七五年にちゃんと標木を建てているのだからわが国のものだ」と、国際法に基づいた「先占の法理」で反論しました。小笠原領有問題が決着するのは明治に入ってからですが、最終的に英米に勝っています。

戦わずして「文明国の地位を捨てた」のか

江戸幕府は、アメリカ人のペリーごときに一方的に脅されたわけではなかったのです。ただし、次に結んだ「日米修好通商条約」は後退を余儀なくされます。

安政五年（一八五八年）、日米修好通商条約の調印を決断したのは大老・井伊直弼です。日米和親条約と違って、この条約は当時の幕閣から見ても明確に不平等条約でした。日本側には関税自主権がなく、また、日本の法律に違反したアメリカ人を日本の法律で裁くことができないというものだったからです。

昭和三十年代中盤まで、井伊直弼に対する評価は、「戦わずして日本に文明国の地位をかなぐり捨てさせた男」でした。反対に、大河ドラマにもなった舟橋聖一の『花の生涯』以降は、一人の血も流さずして、清やオスマン・トルコくらいの半文明国の地位は守ったという再評価がされています。

ウィーン体制以前の二分法なら、確かに「文明国」でなければ「非文明国」になります。

しかし、日本は非文明国つまり植民地化されたかというと、そうではありません。「井伊のおかげで、日本はアフリカや中南米のように植民地にされずに済んだ」という評価のほうが最近は強くなりました。

戦わずして、「文明国の地位を捨てた」のか、「植民地支配から免れた」のか——これはどちらも本当のことではあるのです。

井伊が大老に就任する前の老中首座・堀田正睦《まさよし》は、アメリカ総領事タウンゼント・ハリスに向かって意外にも強気の交渉をしていました。「砲艦外交とおっしゃいますが、貴国は大英帝国にモノがいえる国でいらっしゃるのでしょうか?」くらいの嫌味《いやみ》をいっていたほどです。

堀田が開国の是非を自分で決断できず、ときの孝明天皇に裁可を求めて事態を紛糾させた無責任さは筆誅《ひっちゅう》に値しますが、ハリスとのやり取りからは地政学的に情勢判断していたことが読み取れます。まことに、人の評価には百点も零点もないものです。

井伊の決断は、国外の敵に対する安全保障体制の整備を怠ってきた江戸幕府の矛盾を一人で背負ったに等しいものでした。攘夷《じょうい》ということは、自主防衛です。当時、強大なヨーロッパ諸国に対して、日本は自主防衛ができる状態にはありませんでした。その状況下で国を護るために、国際情勢と国際法に関する知識は、まさに武器そのものです。

「交戦団体」を認めさせた智恵

幕閣の阿部正弘、堀田正睦、井伊直弼は、国際法を使うことができた人たちです。幕末動乱から明治政府に変わっていく過程で、どんどん国際法を使いこなしていくようになります。

重要なのは、幕末動乱のときには「交戦団体」に対する理解ができていたことです。徳川慶喜はフランス公使のロッシュ、新政府はイギリス公使のパークスを通じて、それぞれが列強に局外中立を守るよう説得をしています。

戊辰戦争では、それまでの政府である幕府と、天皇の錦の御旗の下に結集した新政府側が、それぞれに一定の地域を支配しつつ戦っています。このように内戦をしている両勢力が、諸外国から「交戦団体」として認められると、戦っている両勢力には戦時国際法が適用されることになり、また諸外国は中立義務を負うことになります。

ですから双方が「交戦団体」として承認されれば、他の外国からの加担・介入を食い止めることができます。国際法は、現実の力関係のバランスの上に成立しているものです。ですから戊辰戦争の局面で、もしフランスが幕府方に肩入れして兵を入れてきたとしたら、その瞬間にイギリスその他列強から「中立違反」との責任追及を受ける口実にされてしまう可能性があります。逆に、イギリスも同じ立場です。

榎本武揚は幕末にオランダへ留学し、国際法を学んだ人です。榎本は戊辰戦争で旧幕府軍をまとめ箱館に拠って新政府側と戦いますが敗色濃厚となり、いよいよ総攻撃をされる前日、新政府軍の指揮をとっていた黒田清隆に、オランダで書き移してきた国際法の研究書を「国の宝だ」と託したと伝わります。箱館戦争が旧幕府軍の敗戦に終わった後、今度は黒田が榎本の助命嘆願に走り回ります。どれほど、当時の人たちが敵味方関係なく国際法を大事にしていたかがわかるエピソードです。

戊辰戦争の二年間の内乱を国際法に基づいて行なっていなかったら、フランスとイギリスの介入を受けていた可能性があります。そうなれば、日本はフランスとイギリスの代理戦争の場となっていたはずです。ムガール帝国は、まさにそれで潰されたのです。

ところで、戊辰戦争の日本側の関係者全員が、ロシアだけは絶対ダメだと思っていました。ロシアだけは一回でも交渉したら終わりだと知っていたのです。

内戦によって明治新政府が正式な政府になると、旧幕府が諸外国と結んだ不平等条約を全部受け継ぎます。これを国家承継といいます。

当然、それをやらないと外国から国家承認してもらえないことがわかっていたのです。日本はヨーロッパに屈するのではなく、自ら国際法を受容していくのです。

このあたり、清から中華民国、そして中華人民共和国へと変遷していく大陸と比較しながら読み解いてください。

9　明治日本、清朝、朝鮮

朝鮮は日本と対等の国？

同じ東アジアの国でも、清と朝鮮の目には、日本は西洋の文化を受け入れて堕落した国としか映りません。清朝にも朝鮮にも、日本のような改革が必要だと考える愛国者はいますが、一人も成功することができません。それどころか、厳しく弾圧されていきます。朝鮮で近代化改革をめざした金玉均に至っては暗殺された挙《あ》げ句《く》、死体を八つ裂きにされて朝鮮各地で晒《さら》しものにされたほどでした。金玉均の非業の死に衝撃を受けて、それまで私財をはたいて朝鮮の若者を支援していた福沢諭吉でさえ「脱亜論」を絶叫するようになりました。清も朝鮮も、国際法というものが理解できません。

アヘン戦争やアロー戦争で負けても、単純に港を開放すればいいだろうくらいにしか考えないのです。蛮族相手に話すだけで面倒だとばかりに、相手からいわれるままに書類（条約）にサインをしてしまいます。華夷秩序の世界観しかないため、自分たちの宮廷の贅沢《ぜいたく》な暮らしが維持されさえすれば、後は無関心でした。

西太后が実権を掌握している清朝宮廷は、このころ完全に漢化しています。もともと満洲人の王朝である清朝においては、満洲人たちで組織された「満洲八旗」が軍事力の中核でしたが、太平天国との戦いなどで活躍したのはもっぱら曾国藩や李鴻章ら漢人でした。急速に漢人の発言力が高まった状態に入っています。

ところで某社が出している歴史教科書によると、日本と対等の朝鮮という国があったということになっています。しかし、華夷秩序で見ても欧州国際法で見ても、朝鮮は主権国家ではありません。清朝の冊封を受けている属国にすぎません。

日本としては、最初は朝鮮を対等な国として扱おうとしたのですが、朝鮮に送る使節は次から次へと、「即時征韓論者」になって帰国してきました。朝鮮側が、日本の使節に対してあまりにも無礼な態度を繰り返すからです。たとえば、明治新政府が挨拶のために明治天皇からの国書を携えた使節を送ると、「文章の中に『皇』や『勅』などの言葉があるが、これらは中華皇帝しか使ってはいけないはずだ」などと難癖をつけるのです。

彼らの頭の中は華夷秩序の冊封体制しかなく、人間を格付けしないではいられないのです。朝鮮の宮廷では「清↓朝鮮↓日本」という格付けしかないのです。

ウエストファリア体制というのは、「対等」を前提としています。しかし李氏朝鮮は、最後まで国際法が理解できなかったのです。

挨拶でこの調子ですから、日本はもう朝鮮を相手にせず、清朝との外交で日朝修好条規を締結します。現在の韓国や北朝鮮の人たちは日朝修好条規を「押しつけられた」などといいます。しかし、国際法以前にまともな会話が通じないのは、どこのどなただったたか。

国際法を理解した国、理解できなかった国

ちなみに、日本と清朝との間では、琉球と台湾をめぐる交渉もありました。日本は、琉球は日本領、台湾は清国領と確定させようと清と交渉します。

それまで琉球というのは基本的に島津に支配されていましたが、清朝にも冊封されて上手

く行っていました。清朝からの使節などは、たまにしか来ないので、そのときだけ島津が手を引いていれば揉めることもなかったのです。

ところが明治政府は真面目に国民国家になろうとしていて、「琉球は日本である」と排他的支配を主張します。そこで起きたのが、琉球の民が漂着した台湾で殺されたという事件です。このとき日本は清朝と交渉して、琉球の民を日本国民として守りました。

私が何冊かの著書の中で繰り返し紹介したように、榎本武揚がロシアに対して、アイヌ人女性の被害を訴えて交渉した話と同じです。相手が大ロシアであっても、サンクトペテルブルクまで乗り込んでいって、榎本は泣き寝入りなどしませんでした。

清朝に対しても同じです。副島種臣という人が交渉していますが、さらに大久保利通も自ら北京に乗り込んでいっているほどです。

清朝は、台湾は「化外《けがい》の地」である、すなわち、中華文明の教化や中華の法の及ばない文明の外の野蛮の地であると答え、さらに「私にいわれても」「急にいわれても」と責任逃れに終始します。大久保らが、「台湾が化外の地であり清国の支配に属していないなら、わが国が犯人を処分して責任を取らせてもよいか。貴国の支配にあるのならば手出しはしないが、そちらで処分するか」と追及すると、清朝は「どうぞ」と答えます。

日本は、台湾の加害者に対する処分だけ行ない、その瞬間は台湾を取らず、明治十二年（一八七九）に琉球を沖縄県に改称して編入します。琉球・沖縄に関して、日本は国際法を使った論理で清朝を黙らせたのです。

もちろん、交渉には軍事力の裏付けも必要です。台湾と琉球のこんな小さな問題で日本と戦争するのかと、大久保が北京まで乗り込んで話をつけているわけです。

もう一度整理すれば、日本と対等の関係である清朝との間に日清修好条規が結ばれ、その下位の一エピソードとして、清朝の属国である朝鮮と結ばれた日朝修好条規があるのです。日清修好条規・日朝修好条規・千島樺太・台湾・琉球の問題は序列がすべて違うのです。文明国の中の五大国のナンバー2のロシアと結んだ千島樺太交換条約、半文明国の清朝と結んだ日清修好条規と台湾と琉球の交渉、清の持ち物である朝鮮と結んだ日朝修好条規、すべて格が違います。

ちなみに国際法的に見ると、朝鮮は属国である時点で非文明国です。国際法の文脈でいえば、日本が朝鮮と対等の条約を結ぶということは、清朝と同じ半文明国として認めることになります。清朝にとって格下の朝鮮と同じ扱いをされたとわかれば、それだけで日本に対する宣戦布告の理由として十分です。だから、どれほど日本に朝鮮派の人がいたとしても、清国との関係を考えると朝鮮に対しては不平等条約しか結ぶことができません。これは国際法の文脈でも、華夷秩序の文脈でも同じです。それを脱する方法はただ一つ、朝鮮が日本と同じように強くなるしかありませんでした。それをめざして朝鮮を改革しようとしたのが、非業の死を遂げた金玉均です。

「朝鮮に対して不平等条約押しつけたのが悪い」と主張する人は、「日本は即座に日清戦争をする覚悟を持つべきだった」という議論をしなければ論理が整合しません。朝鮮と日本は対等の条約を結ぶべきだったという人は、つまり「反中派」だということになるのです（この場合の清は、満洲人の族長としての立場というより、中華帝国の立場なので、「反中」が適切な呼び方です）。

こうした国境交渉の中で、日本は日清戦争を迎えていきます。

日本は、ヨーロッパ人たちに不平等条約という名の半文明国の烙印を押されました。

しかし、日本は、彼らが「これが文明だ」と世界中に押しつける「国際法」を世界で最も模範的に、ヨーロッパ人以上に咀嚼《そしゃく》し、遵守《じゅんしゅ》してきました。同じアジア人であっても、「国際法」を理解できない国があるのに、なぜ、日本だけが、それをなしえることができたのでしょうか。
私は、その答えを見つけました。
大日本帝国憲法です。

第4章

国際法を使いこなした明治日本、破壊したウィルソン

1 日本が文明国であることを認めさせた日清戦争

朝鮮――外国の力を借りた権力闘争の愚

半文明国から文明国へ。それは、国際社会の中で「対等」の立場を獲得することを意味します。いかに、列強諸国に日本が文明国であることを認めさせ、対等の立場を獲得するか。そのために、明治新政府は不平等条約の改正に心血を注ぎます。

その第一歩が、明治二十二年(一八八九年)二月十一日、大日本帝国憲法の公布でした。そしてさらに、その歩みを進めて道を切り開いたのが、第二次伊藤博文内閣で外務大臣に就任した陸奥宗光が成し遂げた不平等条約の条約改正です。

その条約改正のきっかけは、明治二十七年(一八九四年)、朝鮮半島で「東学党の乱」という農民暴動が起きたことを契機に勃発した日清戦争です。

朝鮮は、華夷秩序には従えても、ヨーロッパの国際法(国際秩序)が理解できません。朝鮮王朝では事ここに至っても、政策も思想もない権力闘争が続いていました。

日本が幕末動乱のときに、幕府側も新政府側も国際法に則って「交戦団体」であることをヨーロッパ列強に認めさせ、局外中立を守らせたのとは逆に、朝鮮王朝は常に外国である清の力を頼みます。そもそも、清を外国と認識していたかどうかも怪しいですが。というのは、単なる「ご主人様」ですから。

朝鮮は華夷秩序に従ってきたので、当然、清が力の頂点であることを疑いません。外国の力を借りて権力闘争を行なうことが、自分を国（Actor）ではなく、ただの場（Theater）に変えてしまうことに気づくことができませんでした。

東学党の乱が起きる前の壬午《じんご》事変と甲申《こうしん》事変で、日清両国は衝突しています。

壬午事変とは、朝鮮国王の実父・興宣大院君の派閥と、王妃・閔妃《びんぴ》の派閥が熾烈《しれつ》な権力闘争をしていましたが、一八八二年に大院君派が兵士反乱を煽動するも失敗。大院君は、清に幽閉されたという事件です。甲申事変とは、一八八四年に金玉均ら開化派がクーデターを起こして失敗した事件です。開化派は、近親者も含め、苛烈《かれつ》な弾圧を受けました。

これを受け、明治十八年（一八八五年）に日本は清と天津条約を締結します。すでに「場」となった朝鮮で、清と日本が兵力を置いておくと軍事衝突になる危険があったので、双方ともに兵力を撤退すること、軍事顧問団を派遣しないこと、出兵前の事前通告の原則の三つを取り決めたのです。

ところが、政権を握る閔妃は、東学党の乱の鎮圧のため清に助力を頼みます。李鴻章は閔妃に要請されたことを名目に、天津条約の事前通告条項を無視して進軍します。そこで、朝鮮という「場」で日本と清国がにらみ合うことになります。

陸奥宗光、イギリスの思惑を読んで恫喝す

そんな時期、このような状況の中で外相・陸奥宗光が不平等条約の改正に挑みます。

明治を通じて、不平等条約改正にいちばん熱心に応じてくれていたのはアメリカで、イギリスはいちばん邪魔をしていました。最恵国待遇があって、イギリスが応じないと他の国も応じようがなかったのです。

イギリスとしては、それまで東アジアは清国だけ相手にしていればいいと考えていました。日本など視界に入っていません。イギリスにすれば、不平等条約は利権です。それを手放すには、代わりの何かが必要です。

そこで、この日清戦争です。

日本のことを文明国扱いするならば不平等条約を撤回するべきです。逆に、これまで通り

半文明国扱いするならば、日本は戦時国際法を守る必要はありません。

イギリスの立場で、この論理を突き付けられるとどうなるでしょう。

清国と日本が戦争になればイギリスも居留民保護の必要が出てきます。自国民の財産を守るために、ロイヤルネイビーを派遣して戦争をやめさせるよりも、日本が国際法を守って居留民保護をきちんとしてくれるのであれば、好都合です。日本に対する保険にもなるし、これまで利権でおいしい思いをしてきたことを思えば許容できたわけです。

陸奥はイギリスの経済的思惑も読んでいました。

陸奥が国際法の論理を駆使したといえばそうですが、単なる恫喝《どうかつ》ともいえます。しかし、これが外交というものなのです。

明治二十七年（一八九四年）七月十六日、イギリスとの間で治外法権の撤廃などについての不平等条約改正が成立すると、不平等条約を結んでいた国すべてが条約改正に応じ、陸奥の在任中に不平等条約改正が完了します。

陸奥の外交は、鉄・金・紙の三原則で動いています。鉄とは軍事力、金とは経済力、紙とは文化力、外交力、宣伝力などです。国際法も紙の力です。国際法をわかっていることはもちろんですが、外交とは地政学、軍事、経済、それらを含めて考えなければなりません。

東郷平八郎、国際法を手に艦長室に籠る

日清戦争といえば、高陞号《こうしょうごう》事件について語らざるをえません。

国際法があれば、絶対に安全が保障されるわけではありません。それは、人を殺したり傷つけたりすれば刑罰を受けるという国内法があっても、事件が起きるのと同じことです。法の理解があろうとなかろうと、約束事を破ったら制裁されるという仁義をわかっていても、それで行動抑止ができる者とそうでない者の両方が存在します。

高陞号事件は、それを考えるうえで絶好のテストケースです。

明治二十七年（一八九四年）七月二十五日、帝国海軍と清国艦隊が豊島沖で衝突しました。そこで帝国海軍の巡洋艦「浪速」は、清国艦隊の中に英国船「高陞号」を発見します。

浪速の艦長は後に日露戦争を勝利に導いた東郷平八郎でした。状況から見て、英国国籍の商船ですが、清国軍が兵力の運搬に利用している可能性が考えられ、高陞号の足を止める必要がありました。そこで、東郷は国際法の本を手に二時間、艦長室に籠《こも》ります。

仮にも英国籍の商船に砲撃を加えれば、中立国のイギリス人を殺傷する可能性もあります。不平等条約の撤廃にこぎつけた陸奥宗光の努力が水泡に帰すばかりか、世界最強のロイ

ヤルネイビーを敵に回すということは、日本の破滅につながりかねないことです。
東郷は決断を下します。その有様を陸奥が回顧録に残しています。

〈わが軍艦は交戦者の権利を行なわんため運送船を捜査しまたある場合にありてはなんらの強制手段をも施し得べきこともちろんなれば、浪速は最初に信号をもって停船を命じたるに、高陞号船長は直ちにこれに応じその他浪速の下したる命令に対し一も違背するところなかりしも、同船に乗り組み居たる清国将官は該船長を抑制しすべて浪速の命令に服従せしめず。浪速は両回までもその短艇を発し該船船長に就き懇諭したるもなおその目的を達し得ざるを見て、ついに最後の信号を掲げて該船内の欧人をして各自活路を求めしむるの便宜を与えたるのち、これを砲撃して沈没せしめたるは正に午後零時四十分なりという。かくのごとくほとんど四時間を経過するまで、浪速艦長が最後の手段を決行せざりしは該艦長の注意精密周到なるを見るべく、また国際公法上なんら失当の所為なかりしを証すべき（後略）〉（陸奥宗光『蹇蹇録《けんけんろく》』中央公論新社）

国際法の法理を確認した東郷は、部下に命じて高陞号には清国兵と武器弾薬が満載されていることを確かめます。その上で拿捕《だほ》を試みますが、清国兵が拒んだため、危険を知らせる信号を送ったのち高陞号を撃沈するに至ります。ただし、その後すぐに短艇を出して、イギリス人の船長や船員たちを救助しました。

イギリスの国際法の権威が東郷の判断を激賞

英国船を撃沈したことで、日本では首相の伊藤博文が頭を抱え、もちろん、イギリスでも非難が起こります。しかし、イギリスの国際法の権威であるトーマス・アースキン・ホランド教授は東郷の判断を高く評価し、イギリスの世論を善導しました。

このことを、陸奥は次のように書いています。

〈ホルランド博士は左のごとく論じたり。

（前略）ゆえに第一回水雷の未だ発射せられざりし以前にあたり、高陞号は交戦国の一方のために運漕に従事したる中立国の船にして、該船自身もまたこのことを認知せり（軍略に関するとその他の目的に関するとを問わず、英吉利《イギリス》の国旗を掲げたることはまったく本件に関係なきものとす）。この位地に立ちたる高陞号は実に左に示すがごとき二重の義務を有するものなり。

（第一）隔離船として観察すれば、高陞号は進行を停止し臨検を受けならびに日本の捕獲審検所において審検を受くるがために送致せられざるべからず。今回の実際におけるがごとく捕獲に従事すべき日本艦の士官が高陞号の船内に進入することを得ざる場合に際し、日本海軍の長官が高陞号をして自己の命令に服従せしむるがために必要の強制力を使用したるはその当を得たりといわざるべからず。

（第二）在陸の清国軍に援兵を送致すべきことに関繋したる運漕船とし、もしくは軍艦の一としてこれを観察すれば、高陞号は明らかに対敵たる挙動の一部分を表示するか、或は対敵として取り扱わるべき挙動をなせるものなれば、日本は必要の全力を使用して該船を防止しその目的を達するの権利あるものとす。

敵国の軍兵を運送したる中立国の船を捕拿《ほだ》し或は対敵行動の進行を防止するがため日本の使用したる強制力は、あえて不当というを得ず。かつ救助せられたる船長以下のごときも適当の処分によりて放免せられたるがゆえに、中立国の権利上に侵害を被りたりというを得ず。然らばすなわちわが政府においては日本をして謝罪せしむるの理由もなく、高陞号の持主或はこの事件に関してその生命を失いたる欧人の親族にもまた賠償を要求すべき権なきものとす。

さすがは国際公法学の巨擘《きよはく》なり。その論旨の確実なるは炳然火を観《み》るごとし〉（陸奥宗光『蹇蹇録』中央公論新社）

豊島沖で帝国海軍と清国艦隊が衝突したとき、まだ宣戦布告はなされていません。しかし、すでに日清両国が事実上の戦時体制に入っていることを世界中が知っている状況です。国際法に照らせば、中立国であるイギリス商船をシージャックした清国にこそ非があり、また清国から身を守れなかったことを日本に責任転嫁することはできないのです。

この高陞号事件の論理は、今でも生きています。

現代でたとえるならば、アルカイダやISなどのテロ組織に占拠されたタンカーを撃沈していいかどうかというのと同じです。国際法の世界は自力救済を前提としていて、国内法とは真逆であるということです。

ちなみに、日清戦争の宣戦布告のときの駐清臨時代理公使をしていたのが小村寿太郎です。小村は早い段階で公使館の旗を降ろして帰国しました。これが事実上の国交断絶であり、何か起きたとしても戦時国際法が適用されるという意思表示になっています。

外交官でも、特命全権大使の最大の仕事は、宣戦布告です。国家元首の名代として、いざというときには、その人の判断でその国との宣戦布告をしてきていいという意味なのです。

小村は、その役割をするのはその状況では自分しかいない、と判断できたのです。

真のリーガルマインド（法律的なものの考え方、判断能力）とは、「どのように使うか」の精神なのです。

三国干渉――忠告という名の外交辞令

明治二十八年（一八九五年）、日清戦争は終わり、下関条約が結ばれました。日本は清国から多額の賠償金を獲得し、台湾や遼東半島などを領有することになります。

戦争の結果、領土を得ることを違法とする国際法は、当時、どこにもありません。しかし、ここでドイツ、ロシア、フランスの三国がこれに干渉してきます。

陸奥宗光の『蹇蹇録』には、以下のように記されています。

〈その露国公使が口述覚書は、「露国皇帝陛下の政府は、日本国より清国に向かいて要求したる講和条件を査閲するに、遼東半島を日本にて所有することは啻《ただ》につねに清国首府を危うするの恐れあるのみならず、これと同時に朝鮮国の独立を有名無実となすものにして、右は将来極東永久の平和に対し障碍を与うるものと認む。よって露国政府は、日本皇帝陛下の政府に向かいて重ねてその誠実なる友誼を表せんがため、ここに日本国政府に勧告するに、遼東半島を確然領有することを拋棄すべきことをもってす」とあり〔独仏両国政府の勧告も、その意味、本文、露国政府の勧告と大同小異なるをもって、ここにこれを省略す〕〉（傍点筆者、陸奥宗光『蹇蹇録』中央公論新社）

ロシア曰く、「東洋の友人の日本君に世界の平和のために忠告しましょう。君が遼東半島を持っていくと東洋の安定が崩れるから、清国に返したほうがいいよ。友人としての勧告だよ」です。この勧告、聞かなかったら制裁を覚悟しなければならないのですから、脅迫です。

三国とも日本が「国際法違反だ」とは一言もいっていません。国際法違反がないので、国際法を使わずに「東洋の友人への忠告」という言い方をしてきたわけです。単にお前がそれを持っていくと、自分たちが都合悪いので返しなさい、といっているという話です。これを外交辞令といいます。

「はじめに」でも紹介しましたが、この三国干渉から遡《さかのぼ》ること八年前の明治二十年（一八八七）年に、中江兆民が『三酔人経綸問答』を刊行しています。タイトルの「三酔人」という言葉通り、この書では「国際法など、ただの空証文だからまったく考慮せずともよい。結局は力だ！」と主張する豪傑君と、「国際法は絶対的に重んじられるべきもので、人道外交は成り立つ」と主張する洋学紳士君と、「どっちも間違いで中間が正解だ」という南海先生の三人が問答を繰り広げます。

洋学紳士君のように国際法を盲信しては自分の身を守れません。かといって、豪傑君のように力だけでも説明できません。力がすべてなら、なぜ三大国は小国日本に対して、このような外交辞令を行なうのでしょう。他の大国に因縁をつけられるのを恐れているのです。大英帝国が三国干渉に加わらなかったことの影響がここに出ています。

三国干渉において、日本は力で負けたのは確かですが、それは国際法の問題ではありません。しかし、国際法を真に理解できないと、そのあたりの機微がわからなくなってしまいます。

北京の五十五日――清、新旧五大国に喧嘩を売る

一八九九年、北清事変が起きます。「義和拳なる神妙な拳法を真に身につければ銃弾に当たっても死なない」と大まじめで信じていたといわれる新興宗教団体が始めた排外運動です。義和団の乱（ボクサーレベリオン）ともいいます。義和団の暴徒は鉄道を壊しながら鉄道で移動するという不思議なことをしつつ北京に乱入し、大使館の集まる外国人居留区を包囲しました。これに対し、もちろん清朝は諸国との条約で、義和団を鎮圧して外交官や外国人居留民を保護する責任を負っているわけですが、鎮圧するどころか義和団に同調します。そして八カ国に対して宣戦布告してしまうのです。

当然、これは国際法違反です。

「無理やり結ばされた条約だから廃棄したい、それを武力で転覆させよう」と考えるのは勝手ですが、自分が結んだ約束によって居留民が存在している以上、宣戦布告をするなら、まず彼らを安全に帰国させるのが文明国のやり方です。外国籍の居留民に対して疎開などの措置をとるよう勧告する義務もありますが、これもまったく果たしません。

つまり、「清朝は文明国ではない」ということを、自ら証明したようなものです。

清朝は北京で清軍を義和団と合流させ、外国人居住区を包囲しました。そのとき、在清外国人たちが五十五日間持ちこたえたエピソードが『北京の55日』という映画になっています。

余談ですが、日米戦争のとき、真珠湾攻撃の後に交換船を出し、日本にいるアメリカ人、アメリカにいる日本人をお互いに送り届けています。このアメリカから日本への交換船では、都留重人や鶴見和子、鶴見俊輔など錚々《そうそう》たる人びとが帰国を果たしています。

ところで、交換される人びとの中に工作員やスパイを紛れ込ませていたかもしれませんが、証拠がないので確かにあったとはいえません。ただ、そのような証拠が残っていたら、その時点で計画は失敗です。

国際法は、こういう、便乗的な悪事がありうることを暗黙のうちに想定したうえで、できるとしてもやるなという建前のものです。

帝国陸海軍が外国人の指揮下で戦うのは合憲か？

清朝と義和団が戦うことになった八カ国は、当時の五大国（英仏露独墺）に加え、のちに新たな五大国（英米日仏伊）に連なることになる日米伊の三カ国です。新旧大国がそろい踏みです。

合計で約五万五千の兵力のうち、主に日本が陸海軍合わせて約二万一千人と最も多く、次いでイギリスとロシアがそれぞれ陸海軍合わせて約一万数千人、フランスとアメリカが同じくそれぞれ約三千五百人、ドイツは同じく約九百人、オーストリア＝ハンガリー帝国は海軍だけで約三百人、イタリアは海軍だけで八十名と幅があります。

清朝がこんな連合軍に勝てたら華々しすぎるほどですが、世の中そうは問屋が卸すわけがありません。装備があまりにも違いすぎたことや、清朝の軍隊自体も指揮系統が行き届いた兵士ではなかったために統制がとれておらず、清朝は戦うほど多大な犠牲者を出すだけでした。

このときドイツでは、バルデルゼーという有名な軍人が首相になるかどうかという話が持ち上がっていました。そこで、「東洋のほうでボクサーレベリオンという戦いがあって、連合軍の総司令官は将軍しかいません、行けば〝世界元帥〟になれますよ」と吹き込む人がいて、それに応じたバルデルゼーはドイツの首相になりそこないました。ちなみにヴィルヘルム二世の時代のドイツの政変は、こうしたものばかりです。

バルデルゼーは、日本があらかた片付けた後に、八カ国連合軍の最高司令官に就任します。

では、ここで問題です。

帝国憲法第十一条で「天皇ハ陸海軍ヲ統帥ス」と定められていますが、その帝国陸海軍が外国人のバルデルゼーの指揮下に入るのは合憲でしょうか、違憲でしょうか？

答えは、合憲です。

統帥権者の天皇が「バルデルゼーの指揮下に入れ」と統帥権を発動すれば、問題ありません。憲法だけの理解で考えてしまうと、こういう知恵が出てきません。この事例は、憲法と国際法の両方を合わせて、しかも現実政治の必要性に合わせて法解釈しないと話にならないという例です。

国際法を知ってから、憲法や歴史をひもとく意味

東アジアでは、少なくとも国際法について、「世界で最低な国」と「最高の国」が隣り合っていました。清と大日本帝国のことです。清がいかに国際法を守らない国だったかは、挙げていけばきりがありません。

一方、日本は当時、まだ関税自主権を取り戻すことができていませんでした。だからこそ

日本は、「わが国は文明国であり、国際法を守る国である」ということを徹底的にアピールしました。義和団事件で他の国々、特にロシアと英仏が略奪暴行の限りを尽くしたのと対照的に、日本軍は軍規正しく、現地のチャイニーズまでが「日本の兵隊さんのところに行けば安全だ」といったほど、世界で最も国際法を守る国であることを内外に示しました。

このように、嘘を混ぜず、事実だけに基づいてアピールすることを、プロパガンダではなく「Public Relations」、略してＰＲといいます。嘘が混じるのはプロパガンダです。ただし、「これはＰＲだ」と称しながらプロパガンダを行なうことはよくあるので、区別するのは難しいですが。

「西洋の衝撃」という言葉があります。非西洋世界が西洋の脅威に直面することで迫られる対応や変化を意味するので、そこには様々な要素が含まれますが、その中の一つとして、「文明国の通義である国際法を受け入れよ」という面があるのです。

この国際法を、『三酔人経綸問答』の洋学紳士君のように誤解して、日本国より上位にあらせられる西洋諸国からの強制法のように崇拝して受け入れてしまうような人たちが明治以来ずっといました。だから、それに対する反発で、「国際法なんて、しょせんはキリスト教徒が作った出鱈目じゃないか」と言い出す単細胞の豪傑君のような人や国粋主義者も出てきてしまうわけです。

これは物事の裏表なので仕方ありませんが、日本があまりにも忠実に国際法を守ったがために、チャイニーズに舐められるようにもなりました。昭和期になると「こんなに支那に舐められていていいのか」という反省も出てくるようになります。K・カール・カワカミの『シナ大陸の真相』（一九三八年刊）はまさに、「日本が国際法を守って略奪しないから、英仏と違って支那に舐められるのだ」という話から始まっています。

しかし、それならば日本は一緒になって略奪を行なうべきだったのでしょうか。

少なくとも当時の状況では、日本は国際法を守らないで欧米（特にヨーロッパ。より具体的にはロシア）から因縁をつけられる国になるという選択肢はありませんでした。チャイニーズに舐められようが、日本がちゃんとした軍事力を持ち、外交的に孤立しなければ、それはまったく問題のない話です。昭和期に失敗したからといって、義和団事変にまでその責任を持ってきてしまったら、それからの三十年間にもっと失敗はなかったのかと私は思うのですが、いかがでしょう。

ヨーロッパ人が「これが文明だ」と世界中に押しつけていった国際法を、世界で最も模範的に、彼ら以上に「本当の文明とはこういうものだ」と守って見せたことは、日本の誇りではないのか――これが、小著『帝国憲法物語』の重要なテーマです。『帝国憲法物語』や『歴史問題は解決しない（文庫題：日本人だけが知らない「本当の世界史」）』（いずれもPHP研究所刊）は、国際法の話を知って読むのと知らないで読むのとで、まったく意味が変わってくるはずです。推理小説を、犯人を知った後で読み返すような発見がきっとあるはずです。ですから、この本を読み終えたら、ぜひこの二冊を読み直してみてください。

2　世界史を一変させた日英同盟と日露戦争

日英同盟の成立と「光栄ある孤立」政策の放棄

一九〇二年に日本はイギリスとの間に日英同盟を結びます。これを国際法的に、イギリスの目線で読み解いてみましょう。

日英同盟以前、大英帝国は「光栄ある孤立」政策をとっていました。

十九世紀に世界外交史上最高の外交官といわれたフランスの外務大臣のタレーラン（一七

五四年～一八三八年）は、イギリスに英仏同盟を持ちかけます。タレーランはイギリスの政界の有力者を説得して回りますが、ただ一人、パーマストン外相が説得できず、同盟を断念します。

そのときのパーマストンの一言というのが、「同盟のような煩わしいものは、わが帝国には必要ない。必要があればその都度、その都度、外交交渉と協定によって解決すればよいのである」です。タレーランのフランスを相手に、「同盟なんて面倒くさい」と言い放つことができてしまうわけです。

ところが、二十世紀の初頭になると、大英帝国の力にも陰りが見えます。

南アフリカでボーア戦争（一八九九年～一九〇二年、南アフリカの植民地をめぐりイギリスとオランダ系入植者の間で戦われた戦争）が起き、金と人を浪費しても決着がつかない状況に陥ると、東洋どころではなくなります。イギリスは世界中に権益が広がりすぎて、その維持にかかるコストも負担になっていました。日清戦争の直前に日本から持ちかけられた不平等条約の改正では、日本が自国の居留民を守ってくれるのであれば、保険として十分成立するという計算が働きました。

日英同盟は、ロシアとの関係で、日本を極東の憲兵（番犬）にしようという意図で結ばれますが、これには二つの見方があります。

一つは大英帝国が「光栄ある孤立」を放棄したということ。もう一つは、これは極東だけの話であり、ヨーロッパは関係ないから構わない＝文明国相手の同盟ではないから構わない、ということです。

ヨーロッパの立場だと、極東アジアで何が起きようが知ったことではないわけです。「世界の辺境風情が！」といいたいところですが、当時はヨーロッパの大国がそのまま世界の大国ですから、仕方ありません。

この状況をひっくり返したのが、まさに日露戦争なのです。

もし、日露戦争で日本が負け、ロシアに併合でもされていれば、日英同盟はなかったことにされていたでしょう。「辺境の蛮族と結んだ一時的かつ局地的な協定」であり、光栄ある孤立は変わらず続いていたという扱いにされたに違いありません。

条約とは、主権国家としての資格を持つ意志と能力を持つ国だけが結べるものなので、ロシアに潰された瞬間に、「日本には主権国家としての資格を持つ意志はあったかもしれないが、能力はなかった」とされるだけだということです。

それとは別に、日露戦争直前にイギリスはフランスと密約を結んでいます。

フランスは、日英同盟とまったく同じ内容の同盟をロシアとの間に結んでいます。露仏同盟です。一騎打ちだったら中立を守るが、敵に誰か来たら加勢するという内容です。日本とロシアが戦争になって、両国の一騎打ちならば問題ありませんが、これにどこかが加勢すれば、巻き込まれて世界大戦になってしまいます。

イギリスとフランスはそれを嫌って、日露戦争直前から交渉を始め、日露戦争になってから正式に英仏協商を結びました。

四国協商への道

結果的に日露戦争が終結した後、日本とロシアが接近して日露協商（一九〇七年〜一九一七年）を結ぶと、イギリス・フランス・ロシア・日本の四カ国で四国協商になります。しかし当然、英仏協商を結んだ時点では、そうなるということはわかっていません。英仏協商が単なる協定ではなく、事実上の同盟まで結びつくのはいつかというと、実は一九〇七年です。

イギリスとフランスは数百年にわたる宿敵でした。当時、世界中の植民地で対立していました。ところがモロッコで揉めているときに、いきなりドイツのヴィルヘルム二世が乗り込んできて、漁夫の利を得ようとします（一九〇五年、第一次モロッコ事件。一九一一年、第二次モロッコ事件）。そのことが発端になって、イギリスとフランスは結束することになります。

英仏はそのような関係になっているうえに、日露戦争でのロシア敗北を受けて、イギリスとロシアも一九〇七年に英露協商を結びます。こうなれば、日英同盟と露仏同盟で対立する理由はありません。こうして、日露双方の同盟関係にある四カ国は、一九〇七年に「四国協商」という関係を結ぶのです。

日本が正式に〝大国〟として招かれるようになるのは一九一九年の第一次世界大戦のパリ講和会議ですが、すでに一九〇七年の段階で日本はヨーロッパと対等の立場を認められたといってもよいことになります。

時系列的に、大英帝国の「光栄ある孤立」政策の放棄の段階は、一九〇二年＝日英同盟、一九〇四年＝英仏協商、一九〇五年＝日本の日露戦争勝利、一九〇七年＝四国協商の四段階にわけて考えるとよいのです。

イギリスにしてみれば、どこで「光栄ある孤立」に逆戻りしてもよいと思っていますし、それどころか、戻る気満々です。それが一九〇二年から始めて一九〇七年までの五年をかけて「光栄ある孤立」を放棄したと考えると、そこまで持っていったのが日本の力だということがわかります。日本がロシアという超大国に勝ち、同盟を結ぶ対等な相手ではない扱いから、対等になったことが、こういう形でも表れているのです。

礼儀も外交の武器になる

日露戦争に勝利した後の一九〇七年、大国に名を連ねる国々が、日本にある公使館を大使館に格上げしました。

今は主権国家平等の原則といって全部大使館としていますが、この当時の大使館とは、主要国、つまり大国か、もしかしたらその国と戦争するかもしれないくらい重要な国にしか置かないものでした。意味がまったく違うのです。

この後、日本は一九一〇年に日韓併合し、一九一一年に不平等条約を改正して関税自主権を回復します。日韓併合によって日本が帝国としてのステイタスを上げたのは事実ですが、その前から台湾を持っていますから特別意味が大きい話ではありません。また、不平等条約の改正は、もうこの時点では形式的な問題でした。なんといっても一九〇七年こそ、日本が大国として認知されたという重要な意味がある年です。

日露戦争は、日清戦争と同じく、日本は国際法を守って礼儀正しく戦って終わります。

「水師営《すいしえい》の会見」では、乃木希典が戦時国際法で義務付けられている以上の礼儀正しさでロシア人を遇しました。国際法でいわれるまでもなく、日本には「武士道」があり、「鉄・金・紙」のうち、「紙」の面で誇らしさを持っていたことが表れています。

ただ、それでロシア人が納得したかというとそうではありません。感覚としては逆です。日本人の感覚からすると、この礼儀正しさが負けたロシアにとって恨みにしかならないとは理解できないかもしれませんが、それは現代日本人の甘さです。国際社会の中では、そこで優しくされたことを恨みに思わないようではヘタレと思われます。

ただ、乃木は武士でしたから、恨みに思われることをわかっていたのではないかと思います。恨まれるとわかっているけれども、礼儀正しくする以外にないのが日本人の感覚です。礼儀正しさも武器であり、武器である以上、それを使えば恨まれるのは至極当たり前のことなのです。

それがわかっているから、一九〇七年に日露協商が成立するまで、明治の元老はロシアの復讐《ふくしゅう》戦を想定していて、まったく警戒を解いていません。

ハーグ国際会議――「悪を咎めぬ者」のほうが悪い

ロシアという国は、金がなくて戦争ができないときは国際会議を招集します。一九〇七年のハーグ国際会議は一八九九年に続く国際法法典化会議です。ただし、単なる気まぐれで招集した会議などではなく、実際に国際法の整備に貢献した会議でした。

一八九九年のハーグ会議では、宣戦布告前の戦闘開始が禁止されることになりました。しかし、日本は、日露戦争のときに旅順港奇襲攻撃を行なっています。これは宣戦布告前の戦いです。さて、それが後に「リメンバー旅順」といわれたかというと、いわれていません。なぜかというと、「宣戦布告前の戦闘開始の禁止」は確立した国際法ではないと世界中にPRすることができたからです。

日本史学者の中には「一八九九年の条約で書いてあるから国際法違反だ」というロシアの主張をそのままを鵜呑みにする人もいます。再度、復習しましょう。国際法というのは、条約が結ばれただけで国際法として成立するのではなく、慣習として確立しているかで考えるものです。では、この時点での「宣戦布告前の戦闘開始の禁止」はどうでしょうか。

この時点では慣習として確立していませんし、軍事合理性がないものは国際法として認められません。開戦前のロシア側の挑発も明らかです。そもそも、「宣戦布告前の戦闘開始の禁止」など守っている国は一つもありません。

真珠湾攻撃にしても、まったく同じ日に起きたマレー沖海戦について、イギリスは「宣戦布告前に攻撃した日本は卑怯だ。リメンバー・マレー」などというバカげた攻撃をしていません。

それなのに、アメリカの「リメンバー・パールハーバー」「日本は国際法違反だ」という主張に誑《たぶら》かされた日本の外務省は愚かしいとしかいえません。

どんなひどい仕打ちを受けたとしても、それを咎めなければ「悪行」になりません。咎めて、認めさせて、初めて悪行となるのです。「悪い者」より「その悪を咎めない者」のほうが悪い。そういう国際法の大原則をしっかり理解していなくてはいけません。

辛亥革命――中華民国は主権国家か無主の地か？

一九一一年の辛亥革命は十月十日に起きたので〝双十革命〟ともいいます。これによって清朝は転覆し、中華民国へと変わります。

革命によって政権が変わった場合には「国家継承」が必要になります。国際社会で主権国家として認められる要件を思い出しながら、この「国家継承」のあり方について確かめていきましょう。

日本の場合は、江戸幕府から明治政府に交代をしました。明治政府は、国内の実態が変わって、先に承認された日本国の正統な政府だった江戸幕府から変わったことを認めてもらう際に、江戸幕府からの条約を受け継ぎました。国家承継のときは、前の政府が負っていた「条約遵守義務」も当然、引き継ぐものなのです。

国家とは「領域の上に人民がいて、政府があるもの」ですから、その三位一体で承認するのが普通です。革命によって清朝を倒し、中華民国を宣言したならば、清朝が領土としてきたものすべてを中華民国が継承したものとみなします。

しかし、中華民国は一九四九年に台湾に追い落とされる最後の最後まで、まともな「治安維持能力」がある政府ではありませんでした。治安維持どころか、軍隊が率先して人殺しをやるような、軍閥混戦の状況です。

では、「治安維持能力」と表裏一体である「条約遵守能力」はどうかというと、そもそも清朝の時代から国際法を守る気がありません。それは中華民国も同じでした。国家継承に必要な条件である、「前の国家が結んだ条約を引き継ぐ」という意志も能力もありませんでした。ということは、領域承認もできませんし、当然、国家承認などできるはずがないのです。

辛亥革命当時、革命を指導した内部では、アメリカ型の省の連合国家を考えていた勢力と、一人の指導者が強大な権力を握る中央集権的な支配体制を主張する勢力とに分かれていました。満洲では軍閥が幅を利かせ、張作霖というギャングの支配が北京の近くまで及んでいたので北京政府も安泰ではありません、気がついたら孫文が南京に別に政府を立ち上げて、政府だけでも北と南で常に分裂しています。省ごとに軍閥がいますが、その省の中でもまとまりがありません。

第2章の用語集で、「国家」というのは領域に人がいるだけでは成立できないと説明しました。中華民国はまさにその状態で、こういう状態が「無主の地」（ノーマンズランド）なのです。

国家承認の問題は難しくて、私も国際法の先生とも毎回議論になりました。

私は国家承認は必ずしも政府承認と一致せず、領域すべてを引き継ぐとは限らないという立場でした。逆に先生は国家承認とは政府も領域もすべて引き継ぐという立場でした。

普通は国家承認するということは、その領域をすべて引き継ぐことも承認します。ただし、中華民国にはその能力がありませんでした。

清国は、満洲・モンゴル・漢・チベット・ムスリムの五つの主要民族からなる多民族国家でしたが、漢民族すらまとめきれない中華民国が他の民族を統治できるのか。また、他の国は漢民族による中華民国が他の民族を統治することを承認すべきなのか。

私は、少なくとも満洲は実態としても法的にも無主の地だろうと考えて、「満洲事変における法的問題」という論文を書いています（『憲法論叢』九号、二〇〇二年）。

なお、現代の話ですが、ユーゴスラビアは六つの民族からなる多民族国家でしたが、一九九〇年代の内戦で六分裂しました。

セルビア人は分裂を抑えきれませんでしたが、辛亥革命から四十年かけて漢民族は他の民族を抑えきりました。国家承認と領域承認は、いついかなるときも一体であるべきか否か。難問です。

3　国際法違反のオンパレードだった第一次世界大戦

ドイツのUボートとアメリカの第一次世界大戦参戦

大英帝国が制海権を守るときの考え方とは、「わが国の防衛線は、わが国の海岸線ではない、敵国の海岸線である」です。スペインの無敵艦隊を撃破した司令官フランシス・ドレーク（一五四三年？～一五九六年）の発想です。ブリテン島を防衛するなら、戦いを仕掛けられたら困るであろう敵国の港を潰す、です。

相手がフランスであろうが、ドイツであろうが、誰であろうが、ブリテン島を侵略しようと軍艦の建造を計画すれば、その話を聞きつけた瞬間にイギリスは相手の港を襲撃します。コペンハーゲン焼き討ち事件という中立国に襲い掛かった前科があることは、すでにご紹介したとおりです。

そこでフランスは、地中海沿岸の港で戦艦を建造してそこから大西洋に出ようとしますが、ジブラルタル海峡で待ち伏せされ、あえなく撃沈されてしまいます。フランス海軍は地中海を出ることすらできなかったのです。

そこでドイツがひねり出したのがUボート（潜水艦）です。といっても、当時のUボートは〝可潜艦〟といって、潜ることが可能な艦にすぎません。基本的に水上を航行し、必要があれば潜ることができるというものでしたが、当時としてはそれだけでも画期的でした。

基本的に海上戦闘とは、陸に上がりたいものと、上げさせたくないものとの戦いです。日本海海戦で当てはめると、ロシアのバルチック艦隊はウラジオストクに上がりたい側、東郷率いる帝国海軍の連合艦隊は上げさせたくない側の戦いになります。

その応用が通商破壊です。陸に物資を届けたい側は通商保護を行ない、届けさせたくない側が通商破壊（撃沈）を行なうわけです。艦隊どうしの戦いなのか、ロジスティクスなのかの違いだけで、同じ構造です。

ドイツは、イギリスに艦隊決戦を挑んだところで勝てないのがわかっています。そこでドイツはUボートで通商破壊を行ないます。通商破壊といっても、民間船への攻撃は当然、国際法違反です。しかし、ドイツはアメリカの民間船を攻撃します。そのたびに、誤射でしたと謝りますが、謝りながらアメリカの船を次々に撃沈しました。アメリカは中立義務があったので、本来はイギリスに物資を送ってはいけないはずなのに、物資を送っていたわけですから、お互い様ではあります。

第一次大戦は、大国全部が関わっているので、こういうときに仲介して止める立場の人がいません。本来、アメリカが中立義務を果たしていたら、ウッドロー・ウィルソンは名実ともに平和の仲介者になれたかもしれなかったのですが、しょせんは目の前の利権には勝つことができない汚い人物でした。

国際法に触れる話ではありませんが、この話を続けます。

ドイツのヴィルヘルム二世はイギリス・フランス・ロシア・日本の四国協商に対抗しようと考え、アメリカを仲間に引き込もうとします。このときのセオドア・ルーズベルト大統領は、それを避けるためにイギリスと結びつきを強めていましたし、その次代のウィリアム・タフトも相手にしません。ところが、このドイツの誘いに乗りかけたのがウッドロー・ウィルソンです。

このときはイギリスが話に乗らないよう工作をしたのと、メキシコ革命があったおかげで事なきを得ました。そこで、業を煮やしたヴィルヘルム二世がメキシコを抱き込もうとしますが、そのことがツィンメルマン電報事件で明らかになります。ドイツのアルトゥール・ツィンメルマン外相がメキシコに送った暗号電報がイギリスに傍受・解読され、アメリカに伝達された事件です。ドイツはメキシコにも粉をかけていたのです。

メキシコはアメリカにとって宿敵ともいうべき相手ですから、当然、アメリカは激怒します。一九一七年にアメリカはイギリス側で参戦することを決めます。

ツィンメルマン電報事件は、人としての道徳を守れない、国際法以前の問題です。

総力戦と兵器の発達が国際法を変える

実際の戦闘でも、第一次世界大戦は国際法違反のオンパレードです。毒ガスという非人道的兵器が登場したのはこのときのことですし、無差別都市空襲やドイツの中立国侵犯など、枚挙にいとまがありません。

また、この戦争は敵の総力を潰しに行くという意味での「総力戦」でした。大戦が始まる前に大砲の射程が伸び、飛行機が兵器として編入されるようになるなど、兵器の進化や開発の影響は多大でした。

日清戦争で勝利したときに帝国陸軍が使用した銃弾の数は、一人平均三十五発前後でした。今なら、数秒で使ってしまうような数です。射程距離の延長は、銃後への直接攻撃を可能にしましたし、飛行機が兵器になれば空爆という新たな作戦が生まれます。

こうなると、国際法は変わらざるをえません。国際法は、兵器の性能も含めた軍事合理性に基づいて作られるものです。第一次世界大戦の数年くらい前には、前線と銃後があいまいになる可能性が研究され、その時点で、国際法の変容が想定されていました。それでも、この当時には、まだ「宣戦布告」というものが残っているので戦時と平時の区別は残っています。

銃後への攻撃が可能になるということは、場所を決めて国家と国家の軍隊が決闘するというウエストファリア型の戦争が変貌することを意味します。普仏戦争のときには、ドイツ軍がパリを攻略するにあたり、戦闘が非戦闘員に及ばないようにするために、安全地域を作るということが行なわれていました。

こういう地域のことを「安全地域」とか「無防備都市」といいます。「この場所は攻撃しないでくださいね」という意味ですが、当然ながら義務を伴います。そもそも、交戦中のお互いが、特に攻め手側の敵が認めなければ意味がありませんが。

似てもいないし非なる話をしますが、今の日本には「平和都市宣言」をして喜んでいる地方自治体があります。これは、「宣言してみた」程度のものにすぎません。

たとえば中国とか北朝鮮が攻めてきたからといって、そもそも中国や北朝鮮に「平和都市宣言」という理屈が通じるとは思えませんし、ロシアどころかアメリカでも怪しいものです。韓国にもまったく通じないでしょう。かろうじて守ってくれそうなところは台湾くらいでしょう。もし、お住まいの地方自治体が「平和都市宣言」をしていたら、それは台湾と戦争になったときには有効かもしれない程度のものだと覚えておいてください。もちろん、国際法とは何の関係もありませんから、先方が相手にしてくれるかどうかだけです。

国際法違反か、犯罪か、人道的な問題か

ドイツ軍は第一次大戦で中立国侵犯を行ないました。有名な「シュリーフェン・プラン」のことです。ドイツとフランスの国境が要塞化されていて抜くことができないため、中立を宣言しているベルギーとルクセンブルクを侵犯し、そこを通ってフランスを攻撃しようという計画です。ベルギーとルクセンブルクは二回の世界大戦で二回ともドイツに蹂躙されます。

ベルギーというのはイギリスが作った傀儡国家ですから、ドイツが侵犯すれば、イギリスは当然、自動的に参戦するわけです。イギリスは「みんなで認めたベルギーとルクセンブルクの永世中立をドイツが破った、ドイツが悪い」と全世界に訴えます。本音はもちろん、「自分の縄張りで勝手なことをするな」ということなのですが、イギリス人はそういうときの国際法の使い方をちゃんと心得ているわけです。

他の国も、イギリスの本音はわかったうえで、ドイツの国際法違反に対して抗議の声を上げました。

また、第一次世界大戦のきっかけとなったのは、セルビアの一青年がハプスブルクの皇位

継承者を暗殺した「事件」です。しかし、これは国際法に違反しているわけではありません。単なる一個人が起こした「犯罪」です。犯人がセルビア人だからといって、セルビア王国の国際法違反にはなりません。事件を起こしてしまった国が謝罪し、相手国が謝罪を受け入れれば終わる話です。ところが第一次世界大戦が起きてしまったのは、オーストリアがセルビアを許さず、宣戦布告の連鎖が起きてしまったからでした。このことも、国際法とは関係がありません。

国家間の衝突の場面における国際法違反、国際法の主体として認められるかどうかの争い、主権国家内の国内法で処罰が可能な犯罪行為、国際法以前の人道的な問題、これらの違いは、何となくわかっていただけたでしょうか。

国際法を法学部法律学科的なリーガルマインドだけで見るのは無理があるということは、理解しておいたほうがいいと思います。

天文学的賠償金と経済制裁

先ほど書いたように、第一次世界大戦は〝敵の総力を潰しに行く〟という意味での総力戦になりました。総力戦は、負けたほうだけではなく、勝ったほうも疲弊させます。第一次世界大戦の死者数がそれを如実に物語っています。勝った連合国側の死者約五百十四万人のうち、イギリスとフランスだけで約二百三十万人を占めます。負けたドイツも約百八十万人の死者を出しています。

第一次世界大戦終結後のベルサイユ条約で、英仏は自国の経済を立て直すためと、ドイツが再び大国に戻れないようにするために、ドイツに天文学的な賠償金を押しつけました。

それ自体は国際法違反ではありませんが、経済法則には反するので、後で賠償金の額を支払いが可能な額に再修正する交渉を繰り返します。軍備の縮小も同時に行ない、軍隊を十万人に抑え、戦車やライフル以上の重武装を取り上げます。

ドイツは軍隊の人数が制限されてしまったので、多くの軍人や戦場経験者が退役を余儀なくされます。また、余った兵器や自動小銃などは民間に横流しされました。この退役軍人たちが右翼団体の活動家になり、横流しされた武器を手に町中で共産党と殺し合いをするようになります。加えて、ウッドロー・ウィルソンがドイツに帝政をやめることを要求した結果、ドイツ帝国は崩壊し、国内の秩序は地獄絵図さながらになりました。これが、私たちが学校で日本国憲法の理想郷のように教えられる国、ワイマール共和国です。

それだけではありません。ドイツ軍の将校たちは世界中に散らばります。中には中華民国に行った将校もいました。優秀なドイツ人失業者も重宝されます。ソ連もそんなドイツ人たちを歓迎し、ドイツもトラクターの開発だと偽って戦車などの開発を行ないます。

もちろん、それらはすべてベルサイユ条約違反です。ただ、それを制裁するだけの国力が連合国側には残っていません。フランス・ベルギー同盟軍が賠償金の代わりにルール地方を占領しますが、デモとゼネストに対応しきれず、結局、占領をあきらめたほどでした。

敗戦国に多額の賠償金を請求することや、経済制裁を行なって、二度と大国に返り咲けないようにするということはよくある話……。その伝でいえば、今、日本は誰かに消費増税を押しつけられているのかもしれません。誰に押しつけられているのでしょうか。そう思って財務省を操る黒幕をたどっていくと、ニイハオと挨拶をしてくれるのではないかと想像したくなります。

4 人類を劣化させ、国際法を破壊したウッドロー・ウィルソン

旧外交否定と民族自決が開いた地獄の扉

一九一九年のパリ講和会議は、一八一五年のウィーン会議以来百年ぶりに大国のメンバーが変動します。イギリス、フランスだけが残り、ロシア、ドイツが一時的に退場して、ハプスブルク帝国が完全に叩き出されます。日本とアメリカが加わり、イタリアも一時的に入ります。非ヨーロッパであるアメリカが入り、非白人の日本という国まで入ったわけです。

ここで読者の皆さんに問題です。ヨーロッパ人から見て、日本とアメリカのどちらが異質な存在でしょうか。

確かに、当時は「世界中がアパルトヘイト」といってもよく、有色人種の日本は異色の存在です。それは一面の事実です。しかし、「世界の中で唯一の有色人種の大国だから孤独」など、どこまで精神面が弱いのでしょうか。今の中国人にそんなことをいったら、笑い転げられるでしょう。

当時も今も、日本人は勝手なコンプレックスを持っていますが、日本は世界一のウエストファリア型の国家です。世界中の誰よりも国際法を守り、広めてきたのも日本です。ヨーロッパにとって日本は物分かりのよい国である。これも一面の事実です。

その両方の面を見るべきです。

それに対してアメリカというのは、国の成立からして非ウエストファリア型国家です。第一次世界大戦への参戦の経緯にあるように、中立を守らない＝国際法を守らない国です。

第1章で簡単に建国の歴史に触れていますが、アメリカという国は南北戦争という総力戦でできた国です。そんな国の大統領が総力戦で疲弊した国際社会に登場し、しかも何かの間違いで大国になり、それまで人類が三百年かけて積み上げてきた国際法秩序を破壊していきます。

その結果、この一九一九年を境に、人類は野蛮な歴史に回帰しはじめるのです。

ウィルソンの悪事については『嘘だらけの日米近現代史』をはじめ、あまたの書籍で取り上げていますので、ここでは特に国際法として問題になる事象を集中して取り上げます。

まず「秘密外交の禁止」です。先にイギリス・フランス・ロシア・日本（そしてイタリア）で一九一五年に大戦後の取り決めをしていたロンドン宣言を、アメリカを入れて作り直せと要求します。このロンドン宣言では、イタリアの参戦についての秘密協定がありました。

ちなみに、この時期に登場し、ロシアをソビエト連邦に作り替えたレーニンは、それまで帝政ロシアが結んでいた条約を継承するのではなく、密約を全部暴露しました。

そんなことが許されるなら、外国との約束など怖くてできませんから、外交が成り立ちません。むしろウィルソンの意図は自分が関与していなかった外交をぶち壊し、自分に都合がいいように作り直せと要求しているのです。これを〝旧外交を否定する新外交〟と自画自賛しました。

これは宗教戦争以後、積み重ねてきた伝統外交を破壊しているだけにすぎません。

国際法的に最悪なのは、「民族自決」の提唱でした。それまで少数民族（ethnic）として扱われてきた、主権国家になる意志と能力がない集団を、あたかも〝主権国家になる意志と能力がある集団〟であるかのように格上げしたのです。

その結果、ハプスブルク帝国は八つ裂きにされ、オスマン・トルコ帝国は抹殺され、世界中に紛争がまき散らされて今に至ります。

このことは、権益が広がりすぎたイギリスやフランスの領内の植民地の独立を煽り、日本もコリアンやチャイニーズの蜂起に手を焼くことになります。

また、「中華民国は主権国家として認めうるか」という問題で、「主権国家として認めるべき」と言い出したのもウィルソンです。

まさに、ウィルソンの手で地獄の扉が開かれたのです。二十一世紀現在、世界の紛争の九〇パーセントの元をたどると、このときのウィルソンに行き着きます。

ウィルソンは国際法違反をしたのではありません。国際法そのものを破壊し、人類を野蛮な中世に回帰させたのです。

アメリカが作り逃げした国際連盟を日本が支える

しかもウィルソンは、世界中に民族自決を唱えておきながら、自分の縄張りでは二重基準を発揮して、中南米の小国を苛《いじ》め抜きました。中南米の民族自決を認めるどころの話ではありません。それに対して何かいおうものなら、内政干渉だとかみつき、モンロー主義を完成させます。

ウィルソンの重要政策の基準は「自分がキリストになれるかどうか」です。そういうキレイ事というのは、人を幸福にするどころか、真逆の地獄へ叩き込むものであることが多いのです。

総力戦で疲弊した各国にとって、とてもついていけるような話ではありませんでしたし、結果としては三百年前にローマ教皇が十字軍を派遣したのと同じことをしているにすぎません。

そんなウィルソンが一つだけ残したまともな功績が、国際連盟の設立です。

国際連盟とは、前にも述べたとおり、いわば〝常設ウィーン会議〟です。世界中の揉め事を解決する場が常設であるというのは、大事なことです。

ただしアメリカ自身は、「戦争根絶」や「人類永遠理想の機関」として国際連盟を提案し、パリ講和会議をさんざん振り回しておきながら、アメリカ議会上院に否決されたため、国際連盟に参加できませんでした。

かくして国連の実態は、ヨーロッパの揉め事解決クラブ的な色彩を強くしていきました。イギリス、フランスは誰かの恨みを買っていて、イタリア、ドイツに至っては紛争当事国ですし、ポーランドなどは隣国すべてと軋轢《あつれき》がありました。その中で、一国だけ公正を保てる国が大日本帝国でした。パリ講和会議では文字通りサイレント・パートナーにしかなれなかった大日本帝国でしたが、アメリカが放り投げてしまった初期の国連には、新渡戸稲造など優秀な人材を送り込み、立派に機能させています。

四カ国条約、九カ国条約――伝統国際法崩壊の序曲

世界が、アメリカやソ連などの〝非ウエストファリア国家化〟した大国だらけになって伝統国際法が乱れていく中、三百年かけて人類が作り上げた国際法秩序を守れるのは大英帝国と大日本帝国しかありませんでした。その意味で、日英同盟は文明を守るために絶対必要だ

ったはずです。

しかしアメリカのハーディング大統領は、この同盟がアメリカを挟撃するものになると妄想します。そして愚かにも日本はアメリカの妄言に乗り、一九二一年、ワシントン会議で、日米英仏の四カ国条約を結ぶ代わりに日英同盟廃止に同意してしまったのです。

かえすがえすも、この日英同盟の廃止は痛恨中の痛恨事でした。日本にとって痛恨などというレベルではありません。世界の文明にとって、取り返しのつかぬことでした。

そして、翌一九二二年に結ばれた九カ国条約で、本格的に伝統的国際法秩序の破壊が始まることとなります。

九カ国条約は、中国に対する門戸開放、機会均等、主権尊重を決めました。これは日本に足枷《あしかせ》をはめるためのものでもありましたが、しかし、本質的な問題はそこにあったのではありません。主権国家としての資格も能力もない中華民国をメンバーに入れたことです。

条約とは、条約遵守能力（治安維持能力）の意志と能力がある主権国家どうしで結ぶものです。ところが、この九カ国条約の中に一国だけ条約を結ぶことができないはずの国が含まれていました。

九カ国条約とは、端的にいえば中華民国以外の八カ国で中華民国が主権国家になるのを見守りましょうという内容の条約でした。この会議で、フランスの外相のブリアンが「What is China?」と尋ねますが、誰も答えられません。辛亥革命から約十年近い歳月が経っていますが、会議に中華民国代表として出席している北京政府を孫文派は認めておらず、北京政府内部でも派閥が戦争を繰り返し、国は四分五裂状態です。前述したように、革命後、清朝が結んだ条約も継承せず、国家承認と政府承認と領域承認が一体化してないという異常な国なのです。

そこに中華民国が存在することは認めるが、責任を持つ政府が存在しない。どこまでが中華民国なのかも不明。これをブリアンは「What is China?」と揶揄《やゆ》したのです。

あまりにも治安維持能力と条約遵守能力がないことは火を見るよりも明らかなのに、そんな国をアメリカ合衆国のハーディングは対等の主権国家として認めようとします。言うに事欠いて、「これからそうなることを見守ろう」というのですから、大馬鹿者としかいいようがありません。

これによって最も大迷惑を被った国は隣国の大日本帝国です。ソ連も隣国ですが、この条約には入っていないので知らん顔です。だいたい、重要な関係者であるソ連が、この条約に入っていないことも、セオリー無視です。そのことでも日本は、しっぺ返しを被ることとなるのです。

何のための戦いか理解していなかったシベリア出兵

第一次大戦の最中に共産党勢力によるロシア革命が起き、誕生したソビエト政権は、一九一八年、ブレスト・リトフスク条約をドイツ側と結び、勝手に戦争から離脱します。さらに先述したとおりそれまでロシアが結んだ条約は継承せず、密約は暴露し、借款などの踏み倒しも宣言し、さらに革命の輸出まで目論《もくろ》むので、英、仏、米、日などは対ソ干渉戦争に踏み切ります。

日本はシベリアに出兵しましたが、このときロシア人は国際法をまったく守らず、一九二〇年には、ニコラエフスク（尼港）事件（赤軍パルチザン部隊によるニコラエフスク住民・日本人居留民と日本軍の守備隊、日本人捕虜の惨殺）を起こします。そこで、日本は、この事件への復仇の意味も込め、北樺太を保障占領します。

保障占領とは、交戦当事国の国際法違反を物理的に制裁する手段の一つです。

本書で何度も述べているように、国際法では相手が不法行為を行なったときに制裁しないと、それを認めたことになり、結局は制裁できなかった国が「より悪い国」という扱いになります。だからといって、ロシア兵がやったことと同じように、民間人を惨殺するような国際法違反の制裁を日本はやりません。また、この時期のロシアは旧帝政ロシアからソビエト連邦への移行期でした。そこで、責任追及ができる政権が樹立するまで、責任と賠償の保障として行なった占領です。

ところが、これに難癖をつけたのがアメリカのハーディングです。北樺太には石油をはじめとする天然資源の利権があり、日本がまったく下心を抱いていなかったとはいいません。しかし、保障占領そのものは国際法的にはまったく問題はなく、どこからも文句をいわれるようなものではありません。

ところが、当時の日本の対米姿勢は、媚米、拝米路線だったこともあり、いわれるままに一九二五年五月に北樺太から撤退することを決めてしまいます。

「権利の上に眠るものは保護せず」という法格言があります。このときの日本政府は、何のためにシベリア出兵をしたのかわかっていません。しかも、ソビエト・ロシアとの国交が回復した後に行なわれた交渉ではニコラエフスク事件の賠償のことは「政治的に棚上げ」されたまま、北樺太撤退を受け入れます。わずかに石油の採掘権を得たとはいえ、責任や賠償には程遠く、しかもその採掘権もなにやらかにやらと妨害されて、うやむやにされる始末。日本政府は遺族に満足なお見舞金すら出せません。国内では「見殺しにした」と政府を糾弾する声が上がりました。

まるでこの時期の日本は、日露戦争に勝って何も考えなくても生きていける大国になり、平和ボケして本当にものを考えなくなってしまったようです。

元をたどれば、明治四十年（一九〇七年）に伊藤博文と山縣有朋が決定的に対立したときに、話をまとめることができる人がいなくなったことに行き着きます。外務省と、関東軍を管轄している陸軍省と、海軍省と、植民地担当の拓務省とで揉めても、今でも批判される「省庁の縦割り行政」をまとめる人がいないのです。

その状況が一向に改善されない中で、満洲事変が起きることになります。

第5章

満洲事変とナチス・ドイツを一緒くたにする愚

1 満洲事変の国際法的問題

「挑発」と呼ぶには十分すぎる排日運動

昭和六年（一九三一年）九月十八日、奉天（現在の遼寧省瀋陽市）の少し北に位置する柳条湖で満鉄（南満洲鉄道株式会社）の線路が爆破される事件が起きました。「柳条湖事件」です。この事件をきっかけに関東軍が出動。満洲事変へと発展します。関東軍はわずか五カ月あまりで満洲全域を制圧しました。

よく、満洲事変は「侵略」だと非難されます。そのきっかけとなった「柳条湖事件」は関東軍が自作自演した謀略であり、けしからぬというのです。

柳条湖事件は、ちょうどそこに差し掛かった列車が無事に走り抜け、死傷者は出ませんでした。あまりにも出来過ぎていたために「自作自演」が疑われることになります。第二次世界大戦後の東京裁判でも審理対象になりましたが、そのときも「自作自演」の証拠は出ず、満洲事変の首謀者とされる板垣征四郎や石原莞爾らも関東軍の謀略などとは、証明されませんでした。

しかし、彼らが亡くなった後、昭和三十一年になってから、満洲事変当時、奉天特務機関の少佐だった花谷正少佐（当時）が『別冊 知性』（河出書房）という雑誌に「関東軍の謀略だった」と告白し、以来、自作自演説が幅を利かせるようになりました。事実として自作自演だったのはわかります。

では、柳条湖事件が関東軍の謀略だったとして、満洲事変は侵略なのでしょうか。

ここは日本人でも誤解をしている人が多い論点です。

第2章で解説しましたが、改めて侵略（正確には「侵攻」）の定義を確認しておきましょう。侵略とは、「挑発されないのに先制攻撃をすること」です。では当時、満洲で挑発行為があったかなかったといえば、答えは「膨大な数の挑発があった」です。日本人に対する権利侵害は「懸案三千件」と呼ばれていたほどです。『現代史資料』（みすず書房）の「満洲事変（正、続）」の巻などを読めば、どれほど酷い排日運動が展開されていたかの記録が残されています。あるいは、外交史料館の「外務省記録」には膨大な一次史料が残されていますので、興味がある方はご確認してください。

外国人を排斥しようとして、イギリス、ソ連に喧嘩を仕掛けて大敗し、排英排ソをあきらめたチャイニーズの次の標的が日本でした。当時は幣原喜重郎外相による〝軟弱外交〟の真っ最中でしたから、報復をされることもなく、〝安心して〟日本人を迫害できました。

蔣介石の国民党政府や、満洲を実効支配していた張学良も、当時結んでいた条約では到底許されないような法律を作って排日運動を煽動していました。「懲弁国賊条例」などですが、これによって日本人相手に土地を売ったり家を貸したりした中国人を、有無をいわさずに厳罰に処していきました。正当な条約に基づいて生活をし、商売をしている日本人の権利を一方的に侵害するものです。治安維持能力があるかどうかどころではなく、政府が率先して治安を破壊していたのが当時の中華民国です。

しかも、満洲事変の直近には漢人が朝鮮人（当時は日本国民でしたが、多くの中国人は露骨に差別をしていました）を襲撃した万宝山事件や、陸軍参謀中村震太郎大尉が調査旅行中に殺害された中村大尉事件が起きて、日本の世論も沸騰していました。

挑発と呼ぶには十分すぎるほどです。満洲事変を日本の侵略と呼びたいなら、これらの挑発が一つもなかったと挙証すべきでしょう。

無主の地には「侵略」の概念はあてはまらない

それほどの挑発行為が中国からなされていたのですから、国際法的にはそれだけでも「満洲事変は侵略などではない」というに十分なのですが、あえてそこには目をつぶって、さらに別の観点から考えてみることにしましょう。

「侵略」というからには、国際法の観点として、それが国と国の話なのかという点をクリアできなければなりません。

一九二二年、中華民国は九カ国条約に入れてもらうことができましたが、この条約の存在だけで中華民国は何もできなくても主権国家に認められたというわけではありません。条約の内容は、「中国が主権国家になれるように各国が協力してあげます」というものにすぎません。条約は合意法です。合意した内容を守れない者から、「合意した内容を守ってないではないか」という不条理を無理強いされることはないわけです。「まず、お前が守れ」で終了です。

中華民国には条約遵守能力がないのですから、相手「国」と認めようがないですし、もっといえば、この条約を日本が律儀に守る必要など、どこにもありません。国際法は、一方の当事者にだけ義務を課すような不条理を求めないのです。

ワシントン会議でフランスのブリアンが「What is China?」と尋ねても誰も答えられなか

ったという話をしました。中華民国はまだ領域の確定もできていません。モンゴルや、満洲が中華民国に入るのか答えが出なかったのです。

しかも、当時の中華民国では軍閥が割拠し、好き勝手に内戦をしていました。国際法の概念を理解できず守る気もないチャイニーズは、軍閥割拠で内戦状態になっていても、幕末動乱期の日本のように「交戦団体」の承認を取ることもありません。交戦団体としての義務を守ることも、当然しません。当時の中国には「兵匪《へいひ》」という言葉がありました。兵隊は、盗賊（匪賊《ひぞく》と呼ばれました）のように略奪を繰り返すのが、日常なのです。自国民に対してさえ略奪暴行強姦を日常的に繰り返す兵隊が、外国との約束など守るはずがありません。中華民国最大のマフィアが蔣介石、その舎弟として満洲で威張り散らしているギャングが張学良です。

満洲の地に、「治安維持能力」と「条約遵守能力」を伴った主権が及んでいたとは到底いえません。

治安維持能力のある政府がなく、力の強い者がやりたい放題できるということは、その地が無法地帯であり、無主の地であるということです。無主の地には、そもそも「侵略」の概念などあてはまりません。シンプルに考えれば、それで終了の話です。

「憲政の常道」の下での強力なる政党政治

やっかいなのは「きっかけとなった柳条湖事件が自作自演だから侵略だ」という批判です。柳条湖事件が「自作自演」だったとして、これは国際法上、問題となるでしょうか？

実は、そう考えることが、まず間違いです。「自作自演」はまず、国内法で考えるべき問題なのです。

どうしてこれが国内法の話になるかを理解するための大前提として、当時、日本の政党政治が強すぎるほど強かったことを理解しておく必要があります。

なぜ強かったのか。「憲政の常道」という慣習法に支えられていたからです。

「明治憲法は内閣の規定すらない欠陥憲法であり、憲政の常道という慣習があっただけで、政党内閣は弱体でした」というのは、憲法の何たるかを知らない議論です。憲法典の条文がどう規定しているかを重視する今の日本国憲法と違い、帝国憲法は「憲法習律」という概念をイギリス憲法から学んで運用を重視していました。しかも、運用を重視するというのは決して政治家や学界など専門家だけの話ではなく、世論からしてそうでした。

「憲政の常道」とは、「総選挙で最も多数を得た第一党の総裁を総理大臣とする」「総理大臣が病気や暗殺されるなどの身体の事故に際しては、与党の後継総裁が総理として政権を引き継ぐ。暗殺による政変は認めない」「与党内閣が政権を投げ出した場合は野党第一党に政権を移し、その後、速やかに解散総選挙で民意を問う」というものです。

本書でもこれまで何度も書いてきたように、慣習というのは確立するまでは大変ですが、確立してしまえば破れないものになります。第2章で歯磨きを例にしたように、慣習法の成立の要件は年数でなく回数です。

「憲政の常道」は、第二次護憲運動による一九二四年の加藤高明内閣発足から、一九三二年に五・一五事件で犬養毅内閣が崩壊するまでの八年間続きました。この間に、加藤高明内閣（憲政会）→第一次若槻礼次郎内閣（憲政会）→田中義一内閣（政友会）→浜口雄幸内閣（憲政会の後身、民政党）→第二次若槻内閣（民政党）→犬養毅内閣（政友会）と、五回内閣が替わっています。

一九二六年、憲政会の加藤高明は在任中に病死しますが、その後は憲政会の若槻礼次郎が引き継いでいます。一方、一九二九年に時の総理大臣田中義一（政友会）が張作霖爆殺事件に関して昭和天皇に叱責され、退陣したときには、日本中が、今度は政友会ではなく民政党の浜口雄幸が総理だと当然のように確信していました。しかし、その浜口雄幸が狙撃されたとき（重傷を負い翌年死亡）には政変にはならず、若槻礼次郎によって民政党内閣が継続していています。「憲政の常道」が完全に確立していたことがわかります。

これはつまり、暗殺では政権を倒すことができないということです。選挙で衆議院の多数を握る政党内閣とは、それほどまでに強いものなのです。枢密院、貴族院、軍、官僚、どこも政党内閣に勝つことができません。元老は政党政治の決定を追認する役割です。そのため、常に野党はそのほかの勢力と組んで与党をひっくり返すようなことばかりをやりますが、それでは勝てません。総理大臣は本人が辞めるといわないかぎり、辞めさせられないのです。それだけに、総理大臣に「辞めたい」といわせるべく政争は苛烈になり、短期間で政変が相次ぐのです。ただし、「憲政の常道」そのものは強固で、暗殺ごときでは覆せません。

このような中で、では、陸海軍はというと、すでに政治的に敗北した状況にありました。国際政治は軍縮の方向で、しかも、当時の社会的風潮として、軍人の社会的地位が恐ろしく低下していました。当時、軍服を着たまま外を歩くことをはばかる軍人たちが多かったといわれるほどです。

この期間、浜口内閣と第二次若槻内閣で大蔵大臣を務めた井上準之助は緊縮財政で大鉈《おおなた》を振るい、軍縮どころか、裁判官まで含めた官吏一斉減俸すらやり切ってしまった剛腕政治家です。陸海軍は、その井上に予算で首根っこを押さえられていました。

こうした中で外に目を向ければ、満洲などでの反日、排日運動が激化していくのです。内に緊縮財政とデフレ大不況、外に軟弱外交。二大政党はそれらを解決する当事者能力はないけれども、彼らにとって代わる方法がない。

それが柳条湖事件が起きるまでの、日本の状況でした。

関東軍としては、内地で暗殺やクーデターをやっても憲政の常道は潰せない。だったら、外地で一か八かやるしかない、だったのです。

コリアンの人権をいかに守るか

すでに「懸案三千件」という話を紹介しましたが、満洲の日本人居留民への乱暴狼藉《ろうぜき》はエスカレートする一方でした。

しかし、盤石の政権基盤の若槻内閣の下で、幣原外相は「軟弱外交」という批判を受けながら、国際協調に比重を置いています。日本人が拉致されたり、強姦されたり、惨殺されたりと酷い目にあわされているのに、いっこうに居留民救済に動こうとしません。

当時、特に標的にされていたのが、日本国民であったコリアンでした。これをいうと歴史学界がなぜか嫌がるのですが、満洲事変で関東軍を突き動かしたものは、今風にいえば、コリアンの人権問題です。チャイニーズによるコリアンに対する人権侵害が酷かったのです。

　当時の満洲は旅順を起点にした鉄道経営も始まっており、日本人も入植していましたが、地続きのコリアンも職を求めて集まるようになっていました。もちろん、そのコリアンは当時、日本国籍を持つ日本国民です。

　現代、コリアンが日本人に酷いことをされたと大騒ぎしますが、日本人が本当にコリアンに酷いことができていたなら、関東軍は彼らのために命を張ってまで動こうとはしなかったはずです。

　日本人で、コリアンを差別する人がいなかったわけではありません。外交官の石射猪太郎のように、回顧録に「朝鮮人問題で苦労するとは、外交官も落ちぶれたものだ」（『外交官の一生』読売新聞社、一九五〇年）と書く人もいます。しかし、それでも「コリアンを人権侵害から守らねば」とは考えていたのです。

　これは強調しなければいけませんが、当時の日本で、「コリアンがチャイニーズに何をされても放っておけばいい」などという帝国主義者は少数派です。

　石原莞爾ら関東軍としては、予算をつけてもらわないことには、現地のコリアンを守ってやりたくても身動きが取れません。

ところが、陸軍中央の上層部は民政党内閣とヨロシクやるばかりで、満洲の問題の解決のために具体的に動きません。外務省主導の「朝鮮人などほうっておけ。それより日中友好だ」という政府方針に追随するばかりでした。

もちろん、関東軍はこうした軍首脳の態度に、不満が爆発寸前です。だから、「軍上層部は期待できない。だったら、自作自演でもなんでもやって、問題を解決するしかない」と考えたのです。

こうした関東軍の動機は、政府のガバナンス（専門用語で、政軍関係といいます）としては大問題です。

ただし、外国――そもそもの原因を作った諸悪の根源の中華民国、あるいはその継承国を名乗る中華人民共和国――にとやかくいわれる筋合いではないことは、改めて強調しておきます。

国際法における「悪」は外務省と政党政治

中堅が上司を突きあげる構図というのは、実は日露戦争のときもありました。明治の元勲たちであれば、懸案三千件をほったらかしにはしなかったでしょう。かといって部下の暴走を許すことはせず、きちんと政治判断して事を進めたでしょう。しかし、昭和のこの時代には、それが望めない状況でした。

だから、石原たちが「自作自演」をしたとしても、それは国際法上の「自力救済」「復仇」の手段としてのものなのです。

この論理がわからないと、関東軍のしたことがなぜ正当だといえるのか、その理由がわからなくなります。本来は、出先の軍隊が勝手にそんなことをしてはいけないし違法ですが、満洲事変では違法性が阻却されます。なぜ違法性が阻却されるのかは順を追って後でお話しします。関東軍（の中佐にすぎない石原）が勝手に自力救済をするのは問題ですが、それを大日本帝国として行なうのは何の問題もないのです。

むしろ、それまで「日中友好」などとわけのわからないことをいいながら、蔣介石や張学良を甘やかしてきたことのほうが問題だったのです。

国際法において、独立した対等の国どうしの間では、「自力救済」が行なえることが前提ということを第2章で説明しました。「自力救済」を行なうことは国際法的には何ら問題になりません。逆に、「自力救済」を行なわない者が「悪」とさえいえます。その点でいえば、むしろ問題なのは、「軟弱外交」を繰り返して「自力救済」をやらず、いたずらにチャイニーズたちをつけあがらせて、ただただ問題をこじらせてしまった幣原はじめ外務省、ならびに当時の政党政治の側にあったといえるでしょう。ついでにいうと、幣原は「支那と呼ぶと嫌がるから、これからは中国と呼びましょう」との通達を出しているほどです（昭和五年十月二十九日閣議決定）。

柳条湖で鉄道爆破事件が起きると、関東軍はこれを「中国軍のテロだ！」といって、電撃的に兵力を出動させました。満洲事変の始まりです。

緊急の事態が起きたときに備えて、予め作戦計画を立てておくのは常識中の常識なのですが、しかし、それがあまりにも水際だったものでしたので、満洲事変での政府や関東軍の動きは、海外からは、日本全体が暴走しているように見られました。

しかも当時の状況では、現地の石原莞爾らは断固対応すべきという態度で、日本の政府や陸軍中央にすら信を置いていませんから、政府と関東軍とで首尾が一貫しません。日本政府が不拡大方針を宣言すると、なんだかんだと理由をつけて関東軍がさらに展開し、また政府が不拡大方針を宣言すると、なおも軍隊が展開する……という繰り返しなので、諸外国から見ると「日本政府が口で不拡大方針をいって油断させて、出先の軍隊が因縁をつけて進出を繰り返す。なんとずるい（＝うまい）のだ！」と思われてしまいます。

確かに、地政学的に見れば、日本が意図的に口実を設けて、ずる賢く満洲獲得をめざしているとしか思えないでしょう。

実際にはどうだったかというと、総理大臣の若槻礼次郎がノイローゼになってしまって、薬を服用しながら「俺はもう総理を辞めたい」とぼやき、現地の関東軍に命令するどころではなかったというのが事実です。地政学では総理大臣のノイローゼのような特殊事情まではわからないものです。

満洲事変は「軍部の暴走」だったのか？

では、よくいわれるように満洲事変は「軍部の暴走」だったのでしょうか。

これはまず、「軍部」という雑すぎる捉え方が間違いです。「軍部」などといわれても、日露戦争以後は、陸軍と海軍が一致団結して仲良くできたことなど数えるほどしかありません。陸海軍双方にとって互いが、軍縮と緊縮財政の中で予算を取り合うというゼロサムゲームの相手なのですから、国内政治では利害が対立します。

では、「陸軍の暴走」だったのでしょうか。これも違います。陸軍省の中枢幹部はむしろ石原らを止めようとしていました。

では、「関東軍の暴走」だったのでしょうか。実はこれも違うのです。少なくとも、関東軍全体が暴走したとするのは事実と異なります。国連難民高等弁務官を務めた緒方貞子氏は、博士論文を書籍にまとめた『満州事変——政策の形成過程』（原書房／岩波現代文庫）で、内閣や陸軍省や関東軍の動きを丁寧に追って分析しています。

陸相・参謀総長・教育総監を陸軍三長官といいます。当時は、陸相・南次郎、参謀総長・金谷範三、教育総監・武藤信義でした。前任の陸相が宇垣一成朝鮮総督で、南と金谷は宇垣閥です。教育総監は数あわせのようなものですから、重要なのは南と金谷の二人です。

このうち、南は宇垣直系と思われていて、「宇垣さんの後、陸軍を背負って立つのは南さんでしょう」などと周りからいわれていた人です。それだけで陸軍省内がどんな空気だったかわかるというものです。

同じく宇垣直系の金谷は十メートル先からお酒の匂いがしたといわれています。そんな人なので、既成の体制を崩さないだろうと思われていた人でした。

宇垣というのは与党民政党から身内のように扱われていた人ですから、南・金谷も要するに民政党べったりです。そもそも、朝鮮総督とは「総理大臣見習いポスト」の扱いですか

満洲事変期の陸軍人事

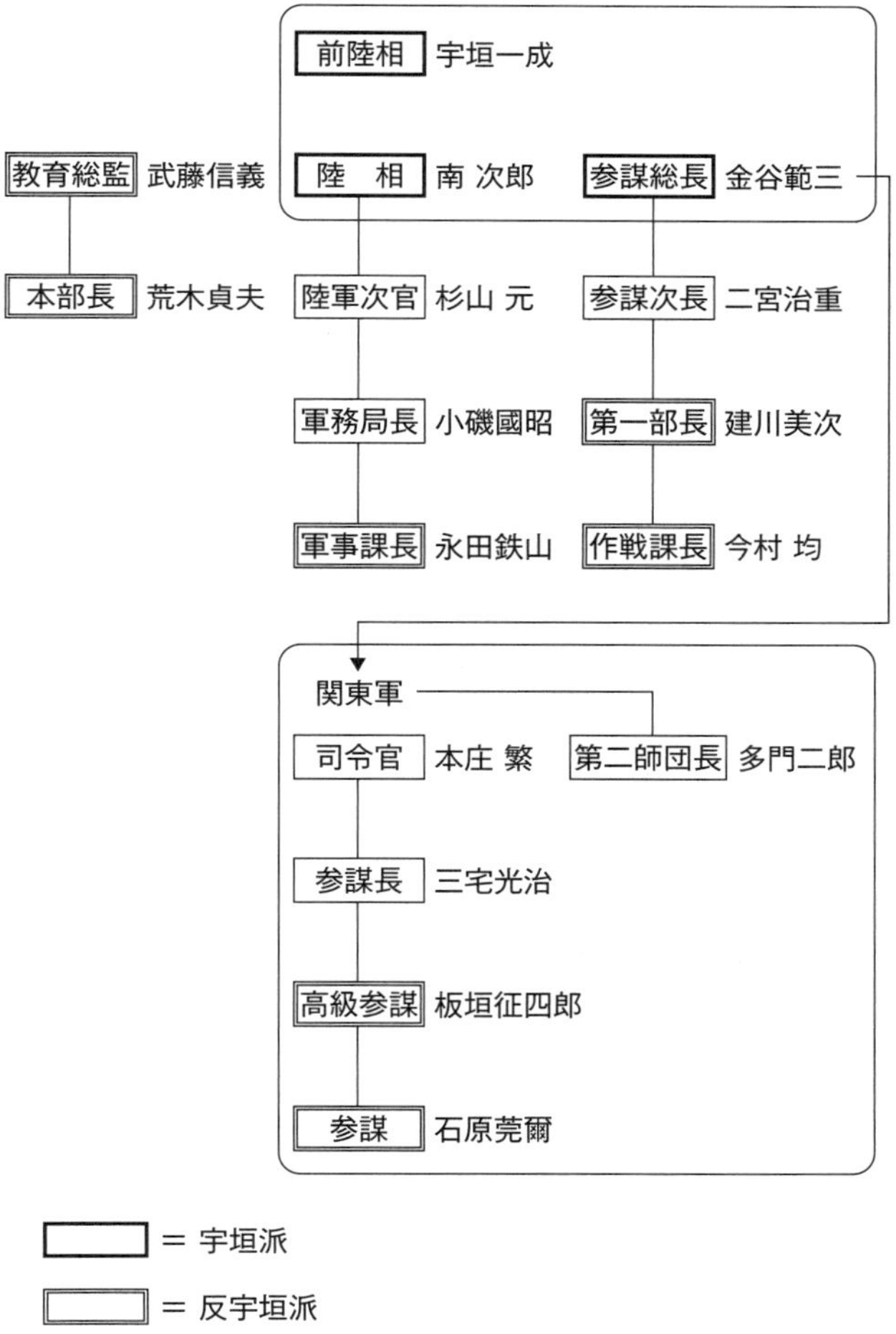
前陸相 宇垣一成
教育総監 武藤信義
陸　相 南 次郎
参謀総長 金谷範三
本部長 荒木貞夫
陸軍次官 杉山 元
参謀次長 二宮治重
軍務局長 小磯國昭
第一部長 建川美次
軍事課長 永田鉄山
作戦課長 今村 均
関東軍
司令官 本庄 繁
第二師団長 多門二郎
参謀長 三宅光治
高級参謀 板垣征四郎
参謀 石原莞爾
＝ 宇垣派
＝ 反宇垣派

ら、宇垣は若槻に何かあったら民政党の後継総裁になる可能性もあった人物です。実際、浜口後継でも名前が挙がりました。こうした人たちがノイローゼでふらふらになっている若槻首相を差し置いて、関東軍と一緒にイケイケドンドンするでしょうか？　やるわけがありません。

中央がこれなら、出先の関東軍も似たようなものです。まず司令官の本庄繁と参謀長の三宅光治は満洲事変の計画に関わっていません。関東軍として派遣されていた部隊は第二師団ですが、師団長の多門二郎も無関係です。

満洲事変を計画し、実行したのは、高級参謀（局次長級）の板垣征四郎大佐と、作戦主任参謀（要するにヒラ、いうなれば課長）の石原莞爾、ほか何人かの中堅以下のクラスです。たかが課長が、のちのち教科書に載るような事変を起こしてしまったわけです。

本来は「ネガティブリスト」に基づいて死刑！

すでに紹介したように、柳条湖事件の鉄道爆破は芸術的というほどよくできた事故でした。しかも、石原が書いた作戦計画書は完璧にでき上がっていて、日付と時刻だけ空白にしてあり、何か事件が起きてから数字を埋めさえすればよい優れものでした。

柳条湖事件後すぐに、兵力一万数千の関東軍だけでは日本の二倍の広さの満洲に展開するには足りないため、満洲と朝鮮の国境の鴨緑江を越えるなと命令されているはずの朝鮮軍（朝鮮半島に駐留している日本軍）が越境してきます。実は、事が起きたらどうするか、朝鮮軍の参謀長の神田正種と関東軍の石原とで事前に話がついていました。軍事的に見れば必要な措置でもあります。

しかし、作戦計画に基づいてではなく、天皇陛下の裁可を得ていることではないので、天皇の統帥権を干犯する重大な軍規違反です。当然、内閣でも批判が相次ぎましたが、若槻首相が林をかばい、世論も支持したことから、越境将軍の林銑十郎は一躍マスコミの寵児となり、後に総理大臣まで上り詰めます。しかし、死後五十年くらい経って公開された「林銑十郎日記」を読むと、死刑になったらどうしようとおびえていたことがわかります。

軍隊とは、警察とは違い、「ネガティブリスト方式」で動く組織です。

警察（実は、現在の自衛隊も）は、法律で規定されている「行なえること」に基づいて行動します。法に規定されていないことは、なかなかできません。「やれることが決まっている」という意味で、これを「ポジティブリスト方式」といいます。

犯人を捕まえるくらいならそれでもいいのですが、何をしてくるかわからない敵軍に対応せねばならなくなると、法律で予め決まっていることしかやれなければ、とても務まりません。そこで軍隊は、禁止されていること以外は何をやってもいいということになっています。その代わりに、禁止されていることは絶対にやってはいけません。ですから軍法会議なども設けられていて、禁止されていることをした者は厳しく罰せられるしくみが作られています。「やれないことが決まっている」ので「ネガティブリスト方式」です。

では、一課長が「自作自演」で軍を動かすということは、どういうことでしょうか。陛下の軍隊を勝手に動かすということです。当然、「自作自演」が露見していたら完全に違法です。死刑に処せられるであろう軍規違反なのです。

一説によれば司令官の本庄は頭を抱えて毎日仏壇を拝んでいたといいます。石原ら、部下のすることを止められなかった以上、自分が直接先頭に立っていなかったとしても責任は免れません。

当時の国内法を厳密に適用すれば、石原・本庄・林らの行為は違法行為であり、全員死刑です。少なくとも「格別の慈悲を以て予備役編入」です。それがなぜ違法性が阻却されたのか。

一つの要因ですが、これまでの幣原外相の軟弱外交に業を煮やしていた世論は、関東軍を圧倒的に支持します。「あれだけ日本国民が苛《いじ》められているのに、今までやり返さなかったほうがおかしい。今回、関東軍がやり返したのは遅すぎたくらいだ」という空気一色になります。当時の日本には、「どんなに殴られようが苛められようが、殺されても絶対にやり返してはいけない」という考えはありません。事実として、「今回」が実は「自作自演」だったのですが、だから何なのでしょう。これが「国内の問題はともかく、外国にとやかくいわれたくない」というゆえんです。

若槻首相は、予算をつけました。これで関東軍や朝鮮軍の行動は追認、政府として正当化したことになります。

これにより、免責されます。

ものすごく細かいことですが、正確にいうと、「違法性の阻却」ではなく、「違法に関する責任性の阻却」です。前者は「君のやったことは悪くない。だから責任は問わない」で、後者は「君のやったことは悪いことだ。けれども、責任は問わない」です。いずれにしても、厳密にいうと違いはあるのですが、関東軍や朝鮮軍の連中は後に勲章をもらい出世し、林銑十郎に至っては総理大臣にまで上り詰めるのですから、この話をあまり突き詰めても意味がないように思います。

はじめから一丸となって「自力救済」していれば

さて、関東軍や朝鮮軍はその後も「敵が攻めてきましたので反撃します」という形で政府の不拡大方針を無視する行動を繰り返します。外見上の行動は「暴走」です。しかし、法的には脱法です。しょせん、政府から予算をつけてもらえねば動けない組織なのですから。

関東軍が実際に脱法行為をしていた場合、誰がいちばん悪かったかといえば、先ほども指摘したように、国際法的な考え方の何たるかをまったく理解していなかった幣原ら外務省および当時の政府です。実際に迫害されている満洲の日本人（とそれを守る義務を負う関東軍）が、自分たちの権利を違法に侵害してくる者に対して立ち上がるのは、国際法的に見ればまったく正しいことです。

はじめから日本が一丸となって「自力救済」していれば、むしろもっと国際的な理解を得ていたに違いありません。そもそもからいえば、先ほど見たように、主権国家にあるまじき暴挙を繰り返す中国も入れた「九カ国条約」を結んでしまうことからして、当時の外務省がいかに愚かしかったかということなのですが。

満洲事変は、国際法的な思考を欠いた日本政府が対応を誤ったために、関東軍と朝鮮軍が脱法性を帯びつつ出動して、居留民保護と治安維持の範囲を拡大するという〝既成事実〟を積み重ねる形になってしまいました。

統帥権干犯と政軍関係

このとき、一人、関東軍のやっていることは違法だと絶叫した人がいます。石井菊次郎です。この人物、いつの頃からか、必ず正論をいうのですが、絶対に通らない、という人物として歴史の局面にしばしば登場します。

柳条湖事件が九月十八日に起き、若槻首相が主導する閣議で一応の決着を見た後、枢密院が九月三十日に開かれます。そこで枢密顧問官だった石井は、「朝鮮軍の越境を政府が追認しているが、それを許す規定は平時からあったのか、ないのならば法的には統帥権干犯ではないのか」と質問します。南陸相はまともな答弁を返すことはできませんでした。しかも、「規定はあった」と口から出まかせの間違いまでつけて。

それはそこで終わったかと思いきや、枢密院の議事録を読まれた昭和天皇が「石井のいっていることが正しいのではないか」とおっしゃったことから、大騒ぎになりました。

軍を動かす軍事最高指揮権は天皇にあります。朝鮮軍は鴨緑江を越えるなと命令されているので、それを動かすためには天皇の裁可を受けた奉勅命令が必要です。それなしに軍を動かすということは、確かに死刑に相当する軍規違反になるわけですが、実際にはそう単純な話ではありません。

閣議が不拡大方針を決定する一方で、朝鮮軍による満洲の治安確保は軍事合理性からは当然に必要とされました。閣議決定とは政府方針であり、国際公約でもあります。しかし、現実の居留民を誰が守るのか。

発言権の弱い南陸相や金谷参謀総長は、政治判断と軍事的要請の板挟みとなります。参謀本部は他の大臣に諮《はか》らずに直接天皇に上奏する帷幄《いあく》上奏の準備をしようとしますが、軍事課長の永田鉄山は閣議承認にこだわります。最低でも閣議、事と場合によっては御前会議も必要だと力説します。南や金谷が動くべきところでありながら頼りにならないので、中堅である永田が、政党内閣の合意を取り付けることによって、軍事合理性に基づく関東軍の行動に合法性を与えようと腐心したわけです。結局、予算と法律の裏づけがなければ、軍隊は動けないことを永田はわかっていました。

いい加減な答弁をしたことで窮した南は、宮内省御用掛の憲法学者・清水澄《とおる》のところに駆け込み、どう答弁すべきか助けを乞いました。清水は大正天皇、昭和天皇に憲法学を進講していたほどの学者で、こういう困ったことを誰かがやらかすたびに頼りにされた人でした。清水がひねり出した結論は「果断である」という答弁でした。

規定があろうがなかろうが、居留民保護という軍事合理性を優先させたということで、「果断である」としたのです。石井も、それ以上は追及しませんでした。

プロイセンのフリードリヒ大王には、命令を守って戦闘に負けた将軍の階級章を引きはがしたという逸話があります。軍隊は命令違反してでも、絶対に負けてはならないのです。イギリス人なら、「必要は法に優先する」「勝てばピットが正当化してくれる」です。

もちろん、軍隊の暴走を毎回毎回許しておいては規律も何もありません。実際に帝国陸海軍は満洲事変以後そうなっていきます。

ただし、政治と軍事の関係は単純ではありませんから、簡単に「暴走」だの「独走」だのと決めつけられないのです。あえて責任を求めるなら、出先ではなく、政府です。軍隊が何をしようが、政府の意志がしっかりしていれば「暴走」などできないのですから。

事実、満洲事変時の政府にはその力があったのです。

なぜ陸軍は石原莞爾をクビにできなかったか？

帝国憲法の体制下でも本気になればシビリアンコントロールは可能です。総理が「これ以上、満洲での軍事行動を拡大するな」と止め、全員一致で閣議決定してしまえば、その決定は陸軍大臣から参謀総長、参謀総長から関東軍に降りて行くわけです。今挙げた人たち全員の合意は、天皇陛下の名前で下されます。このとき、天皇陛下の名前で出るのが奉勅伝宣《ほうちょくでんせん》命令です。従わなければ、逆賊です。討伐されるのみ。

関東軍が張学良の根拠地の錦州城を攻撃するギリギリ手前で、金谷参謀総長は奉勅伝宣命令を取り付けて関東軍の裁量権を奪い、「絶対に行くな。これは天皇陛下の命令である」といって止めました。

泣く泣く引き上げた関東軍は、「軟弱な幣原外相がアメリカのキャッスル大使にいわれて、南や金谷に圧力をかけたんじゃないのか」などという話を『朝日新聞』にリークして「統帥権干犯だ！」と騒いだりしたわけなのですが、もとをただせば課長が勝手に事変を起こすのはいいのかという話ですし、新聞にリークして騒がせたところで関東軍が独立して満洲に幕府を作るような話にはなりようがありませんでした。

大日本帝国の政軍関係

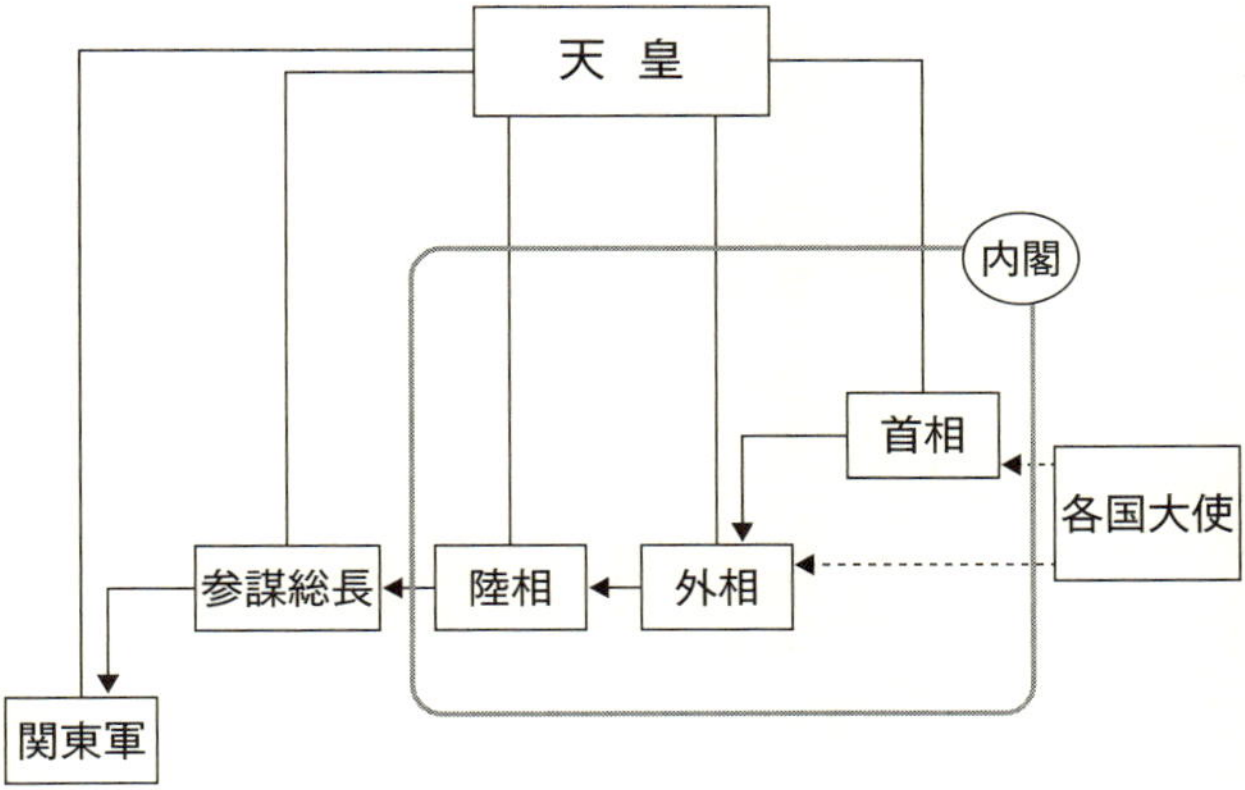

石原莞爾という一課長が暴走していたなら、クビにさえすればいいだけの話でもありました。実際、昭和七年に人事異動を行ない、本庄繁が武藤信義に交代し、板垣だけ残して石原らは東京に左遷となります。陸軍は石原をクビにすることはできませんでした。

すべてが「お役所仕事」の感覚で動いているからです。石原らを処罰すれば、事の発端は問題を放置していた外務省にまで行きます。歴代政権やその方針に追随してきた陸軍上層部の責任も問われかねません。事を荒立てないように、定期異動で事の首謀者たちを現地から引きはがす。良くも悪くも「お役所仕事」です。

ついでにいうと関東軍もお役所仕事です。

彼らは「脱法」の範囲内でしか動いていない話はしました。脱法ということは、法の抜け穴を突くということで、基本的には法律を守るのです。ではどれくらい守っているか。

事変を通じて、日露戦争講和条約の際に定めた北京条約の「関東軍の上限は一万五千人」を守っているのです。これのどこが独走なのでしょうか。

ともあれ、満洲事変を丁寧に見ていくと、陸軍の暴走でもなければ関東軍全体の暴走でもなく、最後は暴走どころか、あと一歩で錦州城を落とせるというときに命令一下引き上げています。暴走というなら、板垣・石原が暴走したとはいえますが、政府・陸軍省・関東軍全体の動きを見れば、むしろ単なるドタバタにすぎません。

もしも防衛省の官僚が暴走したら……

応用として現代で、もしも防衛省の官僚が暴走したらどうかを考えてみましょう。

ちょうどよい事例があります。平成十九年（二〇〇七年）、就任したばかりの小池百合子防衛大臣が守屋武昌次官に携帯電話で電話をかけたが繋がらなかったという事件です。電話の用件は人事に関する内容でしたが、小池氏は著書『女子の本懐――市ヶ谷の55日』（文春新書、二〇〇七年）で大意、次のように書いています。

二〇〇七年八月六日　安倍総理に九月一日の組織大改編を目前にした防衛省人事案を示した。就任五年目の守屋次官を退任させ、後任に西川官房長をという内容だ。総理は「五年目でしょ。いくらなんでも長すぎますよね。進めてください」と、反応した。

人事についてはこれまで守屋次官から案が上がっていた。大掛かりな変更だったが、次官ポストはそのままだった。「あっ」と思った。この人は、ずっと居つづけるつもりなのだ。

その夜、私の人事案がマスコミに漏れているという情報を耳にした。守屋氏本人に連絡する必要があると考え携帯に電話した。待てど暮らせど、返事はなかった。

二〇〇七年八月十五日　記者会見で守屋次官にかけた深夜の携帯電話について聞かれた。国家機密ではなく人事案が翌朝の新聞に出ることを伝えたかっただけで、返事がなかったことのほうが問題だと思った。大臣からの電話には何はともあれ返信をするものだ。危機管理である。

現在の日本では、統帥権＝軍事最高指揮権は総理大臣が持っています（自衛隊法第七条）。しかし、日本の防衛大臣というのは世界史に類を見ない強大な権限を握っています。戦前で

自衛隊への指揮権

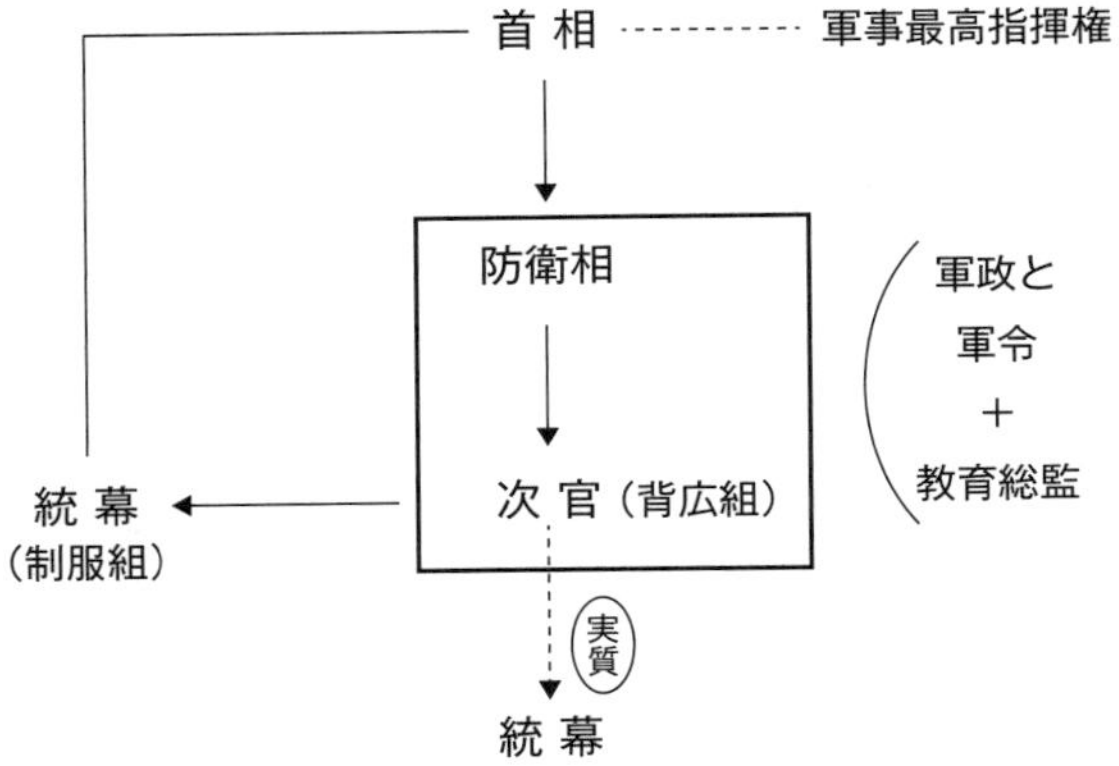

いえば陸軍大臣（軍政）と参謀総長（軍令）、さらに教育総監という三長官すべてを兼ね備えています。形式上、次官と統幕議長は防衛大臣の下にいるのですが、実質は次官の下に統幕議長がいるという上下関係にあります。

小池氏自身が著書でも書いているように、問題は電話の用件ではなく、用件や時間に関係なく、次官が防衛大臣の携帯に返事をしないということは、防衛大臣は自衛隊を一ミリたりとも動かせないということになります。この場合、どんなつもりがあったにせよ謀反です。ですから、守屋次官はその時点で懲戒免職、戦前だったら軍法会議で死刑でもおかしくないわけです。

とにもかくにも、守屋次官はこれを機に退

官することになりました。当然です。

この事件、小池大臣が「ワン切りした」とかくだらないイチャモンで悪者にされていますが、とんでもない。防衛次官が電話に出なければ、大臣は自衛隊を一ミリも動かせない。有事だったらサボタージュ、やりようによっては日本国を滅ぼすこともできます。

指揮系統と規律の問題は、難しいものです。

2　満洲国建国と国際連盟脱退

最悪の外相·内田康哉が打ち出した最悪の公約

翌一九三二年三月一日、溥儀が奉天で独立を宣言して、満洲国を建国します。

当時はまだ、関東軍が天津租界に亡命してきた溥儀を逃がし、奉天に連れてきたことは知られていません。もっとも、関東軍が満洲事変で占領した領域を溥儀がまるまる受け継ぎ、治安維持のために関東軍の駐留を頼んでいたり、政府の中に日本人が入っていたりと、裏に日本人がいるのは世界中にバレバレです。ただし、実態はともかく、形式的には何ら問題はありません。当然、国際法の問題としても違法ではありません。これは少し後で詳しく説明します。

満洲国建国のときには、政友会の犬養毅内閣に代わっていました。犬養は、国際連盟から領土的野心を疑われることを警戒し、満洲国承認には慎重な態度を崩しません。ところが、その犬養が五・一五事件で暗殺され、斎藤実内閣へ変わります。政党総裁を首班とする憲政の常道は終焉し、海軍大将を首相とする挙国一致内閣でした。

不幸なことに、その斎藤内閣で外相になったのが内田康哉でした。日本外交史に燦然と輝く最悪の外相が、この内田です。

内田は、犬養内閣が慎重に見送ってきた満洲国の承認を実現し、「たとえ日本が孤立しても世界の声なんか無視します！　満洲国を承認します！　日本が焦土になってもやり遂げます！」と勇ましく宣言しました。受け狙いの演説ですが、「焦土演説」ともてはやされます。

このときに打ち出された最悪の公約は、三つとも実現することになります。内田の言葉通り、日本は満洲国を承認し、世界で孤立し、最後、大東亜戦争で焦土と化したのですから。最近の政治家は公約を守らない人が多いですが、内田は守らなくていいことを守る男です。

日本はリットンに公式に謝罪すべき

国際連盟は満洲の実態把握のため、イギリスのリットンを中心とした調査団の派遣を決定します。

このリットンレポートでは、「満洲事変で起きたことは日本の自衛とは言い難いが」と述べているだけです。侵略とは一言もいっていません。自衛とは言い難いが、「日本の権益はすべて認めるべきだ」と続くのです。最終的に、（中華民国に花を持たせて）満洲国の建国だけあきらめてくれれば、満洲での日本の権益はすべて認める（日本に実を持たせる）と結論します。

インドで植民地の経験が長いリットンは、「こんな芸術的な結論はない」と自画自賛したそうです。加えて、イギリスは蔣介石の国民党政府を国家主権として認めていません。満洲の実態を知っている外国人は全員日本の立場を理解していました。

一方、中華民国は、若槻内閣の時代から日本の満洲の動きを侵略だとするプロパガンダを行なっています。それに対して、日本の対プロパガンダ戦略は圧倒的に遅れていました。生真面目な幣原外相は誠心誠意の外交努力をすればよいと考えていたのです。それはそれで効果がなかったわけではないのですが、流暢《りゅうちょう》かつ狡猾《こうかつ》なチャイニーズのプロパガンダのほうがそれに勝る影響力を持ち始めていました。

しかも、このときには外相が最悪の内田に代わっています。

世論では、特に『朝日新聞』がリットン・レポートを部分的に取り上げて、反日的だと世論を煽り立てます。日本政府はリットンの出した結論を蹴ってしまいました。

日本は、リットンに公式に謝罪すべきです。もし、日本がリットン・レポートを受け入れ、無駄な戦をしなかったら、大日本帝国も大英帝国も残っていたはずなのです。

実は国際連盟の全権代表の松岡洋右は脱退に反対の立場だったのですが、世論に後押しされた内田外相や内閣から矢のように飛んでくる檄文《げきぶん》のような指示との間で苦しむことになります。

よりによってその最中に、関東軍は溥儀のわがままを受け入れて熱河の攻略を行ない、国際連盟脱退を決定付けてしまいます。

もし、本当に日本が満洲国を傀儡にしていたのなら、溥儀のわがままになど付き合いません。プーチンなら「ご自身だけで、どうぞ」と一笑に付して終わりでしょう。どうせ悪くいわれるのなら、もっとまじめに傀儡国家として満洲国を扱うべきでした。結局、「日本は、傀儡国家を持つ能力があったのか？」ということです。

日本は自ら孤立の道へ歩みを進めていきます。しかし、それはあくまで自分で自分の首を絞めただけのことです。結局、現代まで残る、「満洲国を植民地化した」だの「傀儡国家にした」だのという批判はすべて、蔣介石のプロパガンダの置き土産でしかありません。国連規約で日本は侵略認定されたわけでもありませんし、経済制裁もされていません。嘘も百回いえば本当になるのです。そんなものに騙されつづけるのはいい加減にやめるべきです。

傀儡国家の法理

結論から先にいいます。傀儡国家の何が悪いのか。

外見上は独立国であっても、様々な要因から支配国の影響を受けている国家（政権）を「傀儡国家」といいます。このような国家は何も満洲国に限りません。

満洲国建国が悪いなら、イラクやアフガニスタンにありったけのミサイルをぶちこんで傀儡政権を作ったアメリカはどうなるのか。ロシアだってグルジアで同じことをしています。バングラディシュはインドの、ベルギーはイギリスの傀儡国家です。それらを全部、国際法違反とするなら構いませんが、日本が作った満洲国だけを違法とするのは、明らかに不公正な議論です。

傀儡とは「操り人形」のことをいいますが、国として存在することが必要なので、形式的な要件を守らないような傀儡国家は一つもありません。何より、ウィルソンが唱えた「民族自決」は、むしろ傀儡国家を正当化する法理になりました。実際はどうでも、建前上、主権国家であるには傀儡では困ります。自決できなければおかしくなります。

満洲国は満洲人の自決を建国時にうたっていますし、実際にそうした準備をしてもいました。アフガン紛争の始まった二〇〇一年に、アメリカがアフガニスタンに樹立したカルザイ政権と、何が違うというのでしょうか。二〇〇六年のイラクのマリキ政権もそうです。アメリカはそれらすべてを違法だと認めるというのでしょうか。

つまり、アメリカのもっともらしい言い分も、プロパガンダにすぎないのです。片一方でウィルソニズムを唱えながら、満洲国だけを傀儡国家だと批判することは明らかに矛盾しています。

当時、日本がアメリカ人に言い返していたのは、「ウチは満洲に運河を掘るつもりはありませんから」ということです。米西戦争でパナマ運河を作るためだけに、パナマを傀儡国家として建てたアメリカのことを皮肉っているわけです。

そのときのアメリカは「あのときには不戦条約がなかった」といいました。米西戦争は一八九八年、不戦条約の一九二八年より前です。満洲国は一九三一年で、日本が不戦条約に調印した後だから、パナマはセーフだけど、日本はアウトじゃないかというわけです。

アメリカは当時、中米と太平洋でやりたい放題やって、米西戦争からパナマ運河開通までの一連の軍事行動によって、地域覇権を確立しました。それを「あの時は不戦条約がなかった」で片付ける。言うに事欠いたのではなく、本当に国際法と条約の区別がつかなかったのでしょう。国際法に国内法（刑法）の罪刑法定主義を持ち込むあたりを見ても、アメリカには国際法と国内法の区別がついていないことがわかります。それをいうなら、同じ理屈で東京裁判を正当化できるのか教えていただきたいものです。

ハーグ陸戦法規は確立した国際法を確認のために文字にしただけのものです。成文化した条約に調印したから守るべきものになるわけではないのです。だから、不戦条約を持ち込むなら、時期が違っても条件は同じです。しかも、この不戦条約は自衛のための戦争はしてもよい、国外であっても死活的利害地域は自衛権の範囲内という留保がついています。それを強硬に主張したのがイギリスとアメリカです。それなのに、日本が死活的利害地域で加えられた権利侵害行為に対して立ち上がったことを非難するのは、まったく矛盾しています。自分は殴られたら殴り返してもよいが、お前はダメだ、という不条理が通るはずがありません。

3 アドルフ・ヒトラーという確信犯

ヒトラーの「生存圏」と吉野作造の「自存権」

ここからは一九三〇年以降の日本とドイツについて、国際法学者の視点で見ていきます。満洲国建国の翌年の一九三三年、ドイツでアドルフ・ヒトラーが政権を掌握します。ヒトラーは正式な手続きを踏まず、即座にドイツを国際連盟から脱退させました。日本が正式な手続きをして二年後に正式脱退しているのとは違います。

日本は外務省でいちばん優秀な人材を送り込み、ヨーロッパの揉め事に対処する役割をしっかりと果たしていましたし、脱退の引き継ぎもしっかり済ませてのことです。

満洲国の承認問題で孤立を深めたとはいえ、手続きに則ることを乱暴に省略しないのですから、この点からしても、日本をドイツと一緒にはしないでもらいたいものです。

さて、そのヒトラーが主張していたのが「生存圏」です。ベルサイユ条約でドイツは経済的にも軍事的にも生きていけない国にされてしまったので、民族として当然の「生存圏」を要求するだけであると。ヒトラーは『わが闘争』でこう書いています（角川文庫版）。

〈この地上でじゅうぶんな大きさの区域を占めることだけが、一民族に生存の自由を保証しうるのである〉

〈もし領土拡張ができぬとすればある大民族が没落せねばならぬように思われる場合、領土に対する権利は義務と変わる〉

そしてヒトラーは〈わがドイツ民族に必要な土地の獲得という意味での東方政策が目標なのである〉と書いて、第一次世界大戦で失ったドイツの旧領回復と、さらに領土の東欧への拡大を、軍事力によって成し遂げるという政策を強く打ち出していきます。

ところで、満洲事変について「自存権」という概念で論じていたのが、かの吉野作造でした。帝国大学を退き、新聞社の仕事も失った晩年の吉野は、結核を患いながらも学問に没頭しつづけていましたが、『中央公論』昭和七年一月号に発表した「民族と階級と戦争」で、日本政府、ことさら軍部が「自衛権」にこだわって無理な説明を続けていると批判しています。吉野はこう述べます。

〈国際連盟における空気は頗《すこぶ》る険悪である。しかしこれは自衛権の発動を以て帝国主義的進出を弁明せんとしたからの失策であって、始めから日本民族生存の必要を楯に取ったらこうまで難儀しなくても済んだだろうと思う〉

一九二九年の世界大恐慌以来、世界各国は保護貿易を推し進め、ブロック経済化していきました。日本からすれば、事実上の経済封鎖を受けているようなものです。しかも、日本が権益を有する満洲では、法外な反日・排日運動が展開されています。満洲事変というのは、このような状況に置かれた日本が、民族生存のために起こした行動であるといえば、当時の世界においては、まったく説明がつくのです。

吉野は、日本国を愛するがゆえに日本政府を批判するという、日本人としての則《のり》を守る人です。その吉野がいっているのは、経済的に生きていく権利、すなわち「自存権」のことです。これは軍事的に自分の身を守る「自衛権」と同じではありません。

「生存圏」と「自存権」はまったく異なる

ところで、似たようなニュアンスの言葉を使っているからといって、単純に吉野が満洲事変をヒトラーになぞらえたとしたら飛躍がすぎます。先の引用を見ればわかるように、ヒトラーがめざしていたのは「領土」であり、東欧へ領土を拡大して、そこをゲルマン民族の土地とすることでしたが、日本が満洲でめざしたのは、不当な排日・反日を停止させて、日本に必要な経済圏を確保すること。さらにその地では「五族協和」を実現することだったのですから。

吉野は「民族と階級と戦争」を発表した翌年の一九三三年に世を去り、ヒトラーが暴走する姿を見ることはありませんでした。しかし、「民族と階級と戦争」の終盤で、慎重にファシストのことは見極めようとはいっています。

〈全国民がただ一本調子に歓喜するのみなるは決して正義の国日本の誇るべき姿ではない。満洲事変に関する問題の全面について国内にもっと自由無遠慮な批判があっても然《しか》るべきではあるまいか〉

この吉野の指摘は現代にも通じると思います。

ヒトラーが唱えた「生存圏」が、現在、国際法的にどうなっているかというと、一九四五年の国連憲章で否定されました。今では、ないのと同じです。この国連憲章は、国境不可侵の原則を作ることによって確立するのですが、そもそも戦争そのものを違法化していくということです。一方、経済的に生きていく自然権である「自存権」は、国境不可侵の原則とは関係がないものですし、自然に考えれば、自存権を行使するために自衛権を行使するという意味での「自存自衛」そのものは特別おかしなものではありません。

ヒトラーはウィルソン主義の実行者

話を一九三〇年代以降のドイツへ戻しましょう。

一九三六年三月、ヒトラーはドイツ西部ライン川沿岸のラインラントへの進駐を決断します。ラインラントはドイツの重要な工業地帯でしたが、第一次大戦の敗戦を受けて、非武装地帯ということにされていました。そこにヒトラーは軍隊を送り込んだのです。

この決断はヒトラーにとって賭けでした。前年に再軍備をしたばかりでしたから、英仏が反撃策を取ってきたらと考えると眠れなかったとか。

今の目で情勢を客観的に見ると、当時の英仏にはラインラント進駐を制裁する力がないとわかります。一九二三年にフランスとベルギーが賠償金の代わりにルール地方を保障占領したときには、デモとストライキで追い返されていました。フランスがそういう状態だということは、イギリスはもっと厳しかったわけです。ただ、当時、それを読み切るのは難しかったでしょう。

結局、ラインラントに軍事進駐したヒトラーを誰も制裁できませんでした。国際法では制裁されなかったものは「合法」です。少なくとも、「制裁されるまでは合法」ということです。

次いで、ヒトラーはオーストリアを併合します。ドイツ・ナチス党の支部としてオーストリア・ナチス党という組織をオーストリアに作り、ソ連共産党が世界各国に共産党を作ったのとまったく同じ手口で併合を進めていきます。オーストリア首相をナチス党の手で暗殺したり、オーストリア国境にドイツ軍を進めて圧力をかけるなど、様々な手を尽くした結果、オーストリア・ナチス党員のザイス＝インクヴァルトがオーストリア首相に就任。そして彼の要請のもとドイツ軍が進駐し、一九三八年三月、ドイツとオーストリアの併合が決定されます。そして、さらに翌月、住民投票が実施されて併合は確定されました。十九世紀から議論されつつ実現しなかったドイツとオーストリアの合併という「大ドイツ主義」が、遂に実現してしまったのです。

そういえば、ある土地の帰属をその土地の人たちの住民投票によって決めるのが「民族自決」だと主張していた人がいました。ウッドロー・ウィルソンです。

実は、ヒトラーというのは忠実なウィルソン主義の実行者であり、同じ穴のムジナなのです。「同じドイツ民族が一緒になりたがっているのだから、いいじゃないか！」というのですが、もちろん、明らかにオーストリアの愛国者は嫌がっていました。

オーストリアは第一次大戦末期には事実上、小国に転落しています。オーストリアにも、事ここに至ってはドイツと一緒になるべきじゃないかという空気もありました。オーストリアに公使館を置いている国は、ドイツのオーストリア進駐を承認すると、即日、公使館を総領事館に格下げしています。もちろん、誰もこれを止めることはできません。

ヒトラーはウィルソン主義に従って筋を通したので、オーストリア併合でヒトラーがやっていることを全部否定するためには、ベルサイユ条約のみならず、ウィルソン主義を否定しなければなりません。もちろんウィルソン主義などというものは伝統国際法でも何でもないのですが、ヒトラーはそれを逆用しました。

なお、今では「第二次大戦はファシズムに対する正義の戦争だ」と主張してはばからない当のアメリカは、この頃は他人のふりです。

「水晶の夜」の前と後

オーストリア併合までで止めていたら、ヒトラーはドイツ史に残る名宰相で終わったかもしれません。世界に日本以外に類例のない景気回復をし、大ドイツ主義の復活を実現し、ポルシェがフォルクスワーゲン（Volks＝民族の、Wagen＝車）を走らせて絶好調です。余談ですが、世界中の動物愛護法の元になっているのが、このときナチスの作った動物愛護法案です。

しかし、オーストリア併合を行なった同じ年の十一月に起きた「水晶の夜」を境に、ヒトラーは暴走し始めたといわれています。

「水晶の夜」は、ドイツ全国の都市にあるユダヤ人居住区で起きた大掛かりなユダヤ人襲撃事件です。ヒトラーは政権掌握後、ユダヤ人を排斥する人種政策を展開し、それによってドイツを追われたユダヤ人の一部はポーランドに逃れました。しかし、ポーランドもまたユダヤ人を受け入れなかったため、生きる場所を失って困窮するユダヤ人が多く出ました。こうした背景から、あるユダヤ人青年がパリのドイツ大使館員を狙撃しました。「水晶の夜」は、それを口実に、報復という名目で行なわれたのです。ただ、この事件はアメリカがドイツから離れる口実として利用されることになりましたし、あまりの悲惨さに国際的な非難も浴びることになりました。

一九三八年九月には、ミュンヘンで英仏独伊の代表による四者会談が行なわれています。オーストリア併合を成し遂げたヒトラーは、さらにチェコスロバキアに領土的野心を抱いていました。チェコのズデーデンの人口の三割がドイツ人だからという理由で、ヒトラーは「民族自決」を建前にズデーデン地方の領土割譲を要求します。またまたウィルソン主義の炸裂です。

イギリスのネヴィル・チェンバレンは最大の敵をソ連と考えています。しかし、今はまだ戦力は整っていませんし、何より東欧諸国（よその国）のために戦う気はありません。ドイツが自分たちの代わりにソ連を警戒してくれるのであれば利用しない手はありません。チェンバレンは自分のものでもないチェコの領土をドイツに割譲することを認めました。ミュンヘン協定です。

これによって、ズデーデン地方はドイツのものとなります。

交渉相手国の大統領に気付け薬を注射

しかし、そこでヒトラーはさらなる領土拡張策に打って出ます。ズデーデン地方に止まらず、チェコスロバキアそのものを併合しようというのです。ヒトラーは様々な圧力と揺さぶりをかけ、遂に一九三九年三月、ベルリンを訪れたチェコスロバキア大統領エミール・ハーハを恫喝し、ドイツによる併合を要請する文書に署名させます。

このとき、ヒトラーは国際法違反を犯します。チェコ大統領のハーハを恫喝したのは午前一時を回る時間でしたが、あまりの要求にハーハが「休みたい」というと、問答無用で今この場で承認しろと求め、医者を連れてきて、無理やり気付け薬を注射したのです。結局、ハーハは息も絶え絶えの状態で署名を強いられます。これは、外交官の身体に危害を加えてはならないという確立された国際法に違反します。今では外交関係に関するウィーン条約にも規定されていますが、条約があろうがなかろうが国際法違反です。しかも、いわんやハーハは、外交官どころか国の代表たる大統領です。

繰り返しになりますが、こういうことは条約に書いてあるかないかというレベルではありません。交渉相手の身体保護は、十字軍のときから始まったものなのですから、このときのヒトラーの行為は、人類の進歩を蹂躙したのと同じです。

ちなみに大韓帝国皇帝の高宗がハーグ密使事件（一九〇五年に結ばれた第二次日韓協約に違反して、同協約の無効を訴える密使を一九〇七年のハーグ平和会議に送るが、誰にも相手にされなかった事件）を起こしたとき、伊藤博文は「文句があるのだったら今すぐ宣戦布告しろ」と宣言しました。このときは、国家元首（高宗）に対して特命全権大使（伊藤）が「国家対国家」の関係で対峙しているわけです。今からお前を殴るとか、そういう脅迫ではないので、まったく意味が違います。

ヒトラーは、大統領であるハーハに気付け薬を打って無理やりサインさせているわけです。有無をいわせない点で犯罪に近い行為なのですから、こういう条約は後からでも「無効」にすることはできます。

一方、交渉当事国に、たとえ武力の差があろうとも判断の自由がある状況で結ばれた国際条約は、「無効」とはいえません。たとえば日本が結んだ安政の不平等条約、あるいは清や中華民国が諸外国と結んだ不平等条約、さらに朝鮮（韓国）が日本と結んだ不平等条約も、「無効」ではないのです。

だからこそ日本は、どんなに不平等条約に納得がいかなくても、正式な手続きを踏んで改正しました。

一方、朝鮮は、裏口から列強に「告げ口」をして条約の無効を訴え、すべての国から馬鹿にされることになりました（ハーグ密使事件）。チャイニーズは中華ナショナリズムで燃え上がり、「暴力」と「革命外交（前政権が結んだ条約を継承せずに踏みにじる）」とによって不平等条約を転覆しようとしました。もちろん、それは国際法的にはまったく愚かしい行為でした。

いよいよポーランドに牙をむく

さてヒトラーはここから、さらに堰《せき》を切ったように国際法違反を続けます。

ヒトラーはミュンヘン協定で、「領土要求は、ズデーデンで終わりにします」と空手形を切りましたが、それは実質上イギリスとドイツの「約束」にすぎません。その後は、ミュンヘン協定を無視して領土拡張を果たしつつ、「何か問題でも？」という態度になっていきます。チェンバレン率いるイギリスに、「おたくに、うちらを制裁できるんか？」といわんばかりです。ヒトラーはイギリスを舐めていると同時に、国際法の本質が仁義であることが頭から抜けています。「仁義を破るときは、制裁を覚悟しなければならない。国際法もまた同じ」という本質を。

チェコスロバキアの保護国化が完了すると、次はポーランド問題が焦点となります。ポーランドとバルト三国の間にダンツィヒ自由都市があります。ここはかつて、飛び地的にプロイセンの一部とされた場所で、ドイツ語を話す人がいました。ヒトラーは当然のごとく、「ドイツ語を話す人間がいるところはドイツの領土だ」と主張していましたが、チェコスロバキア問題が片付くまでは、ドイツはポーランドと不可侵条約（一九三四年）を結ぶなど友好的なそぶりを見せていました。しかし一九三八年の後半には、ヒトラーはいよいよ次の標的をポーランドとし、牙をむくようになります。一九三九年四月、ヒトラーはポーランドとの不可侵条約を一方的に破棄し、態度をあからさまにします。片やポーランドも、ドイツに対して売り言葉に買い言葉で応酬してしまうので、スターリンに「ポーランドは自らの勇敢さについて語るのは少し控えたほうがいい」とあきれさせるほどです。

意外かもしれませんが、スターリンは、はっきり本当のことをいいます。ロシアは国際法を理解したうえで破る国です。チャイニーズやコリアンやアメリカンとは、こういうところが違うのです。国際法を理解しているということは、ごまかしたいことをごまかす術を心得ていることです。

ヒトラー豹変の遠因は日本の国際連盟脱退？

ヒトラーは一九三九年八月二十三日、ソ連のスターリンと独ソ不可侵条約を結びます。これで準備が整いました。そして同年九月一日、ドイツによるポーランド侵攻が開始されるのです。

一方のポーランドは、もともとフランスとは同盟関係にありましたが、独ソ不可侵条約も受けて、一九三九年八月二十五日にイギリスと相互援助条約を締結します。これでポーランドと英仏が同盟関係になりました。九月一日にドイツがポーランドに侵攻すると、英仏はこの同盟に基づき、対独宣戦布告を行ないます。これで第二次世界大戦が始まることになりました。ただし英仏は宣戦布告しただけでポーランドには援軍を送らず、ドイツとフランスの西部戦線での戦闘も一九四〇年五月十日にドイツが進撃を開始するまで行なわれませんでした。それまでの間は「奇妙な戦争」と呼ばれます。

それに対してソ連は、ヒトラーとの密約に基づき、同年九月十七日にポーランドに侵攻し、ドイツとポーランドの領土を分割します。

ドイツのポーランド侵攻は、どこからどう見ても国際法違反です。そもそもミュンヘンで自分が決めた約束を自分で破るというのは、仁義すら破ること、すなわち喧嘩を売っていることです。ポーランドに一点も非がなかったとはいえませんが、もちろん、ヒトラーのしたことを正当化する理由にはなりません。

ヒトラーの暴走が、なぜここまで許されたのか。実は、答えは簡単です。日本が国際連盟を脱退したからです。

国際連盟は「ヨーロッパの揉め事解決クラブ」だと前述しました。国際連盟創設を提唱したアメリカは不在で、イギリス、フランスは誰かの恨みを買っている、イタリア、ドイツに至っては自分が紛争当事国です。当時、こうした状況の中で、ヨーロッパの揉め事を公正な立場でさばける大国は日本だけでした。日本も新渡戸稲造から始まって石井菊次郎、安達峰一郎、松田道一、佐藤尚武という最高レベルの人材を国際連盟に送り、難問をさばいていたわけです。

その日本が出ていったら、誰もこれを代われません。日本が国際連盟脱退を表明したのと同じ一九三三年にヒトラーのドイツが出ていきます。一九三五年十月にエチオピアに侵攻したイタリアも国際連盟を脱退します（正式には一九三七年）。

では、残った英仏がまとめられるかというと、フランスはそもそも名ばかり大国なので、結局イギリスだけになってしまうわけです。イギリスは新興国のアメリカに覇権を取って代わられる寸前の状況で、ドイツとソ連の双方の脅威に相対しなければならなかったのです。

つくづく日英同盟は、イギリスにとっても日本にとっても、切ってはいけない同盟でした。

豊臣秀吉とヒトラーの共通点

ところで、ヨーロッパがヒトラーの暴走を許して大変な状態になっているとき、ヨーロッパの国際法学者が「日本は何をしているか？」と関心を持つでしょうか。持つわけがありません。アメリカ人ですら日本に関心を持っていません。ほとんどの人にとっては、「ヒトラー、ムッソリーニと防共協定（一九三六年十一月〜）を結んでいる国が極東のほうにあるらしい」というレベルです。

この時期に、ヒトラーより日本のことを重要だと思うのは、日本の隣にいる蔣介石くらいです。その蔣介石ですら、一九三六年十二月に西安事件で味方だと思っていた張学良に捕まって共産党との合作を強要されるまでは、むしろ毛沢東を殺すことに血道を上げていました。

アメリカではフランクリン・ローズベルトが何をいおうが、ニューディール政策が連邦最高裁で合憲か違憲かをめぐって争うほうが大事だったのです。

そういう意味では、この時期、日本はどうすればよかったのでしょうか。簡単です。何もしなければよかったのです。ことに満洲事変は自助努力だとしても、その後、満洲を守るためという名目で進めた華北分離工作（華北に傀儡政権を作ろうとする工作）は、いたずらに中華民国側を刺激しただけの愚の骨頂でした。

では、ヒトラーはどうすればよかったのか。改めて、水晶の夜を境にしての豹変ぶりをたどっていくと、変なたとえかもしれませんが、豊臣秀吉と似ているように思えてなりません。

日本国内での秀吉の勝ちパターンというのは、徹底的に相手に対して浸透工作をし、間接侵略してから最後に圧倒的な軍事力でほぼ無血に近い併合をするというものでした。しかし、明攻略のために朝鮮に渡るときには斥候すら送っていません。力攻めをして、結局、最後は明や朝鮮の反撃をくらうことになります。

ヒトラーも同じです。オーストリアのときはオーストリア・ナチス党を使って間接侵略をし、最後は圧倒的軍事力で無血併合しますし、チェコもズデーデン割譲以降、ナチスのシンパをどんどん送り込んで、チェコとスロバキアの対立を煽り、最終的には両方の保護国化を成し遂げています。その後は、充実した国防軍で平和ボケしたヨーロッパ諸国を蹂躙しました。ところが、イギリスには間接侵略を仕掛けていません。独裁国のソ連には当然ながら、まともにスパイを送り込めません。

だからやめておけばよかったのに、と後世の私たちは考えます。チェコですら、本当に占領する必要があったのか疑問を覚えます。

そう考えると、ヒトラーの勝負の切れ目は一九三八年。ミュンヘン会談と「水晶の夜」の年です。豊臣秀吉に置き換えると、小田原城攻め以前以後でしょうか。

4　戦争と事変は違う

戦争の三つの要件

さて、日本はこんなヒトラーといまだに仲間扱いされているのですが、当時の大日本帝国がドイツとの同盟を結びながら大東亜戦争に突入し、最後は負けてしまったからです。

今の歴史の教科書だと、「十五年戦争」「アジア太平洋戦争」「日中戦争」「太平洋戦争」などの用語が並んでいます。この人たちは戦争と事変の違いなど気にしないので、議論が混乱しますし、実態も把握できません。

戦争と事変は違います。それは何か。

戦争には三つの要件があります。それが同時に事変との違いになります。

第一に、宣戦布告があるかどうかです。これを別の言い方をすると、平和と戦争のけじめがあるかどうかです。このけじめがないとどうなるかというと、いつ始まって、いつ終わるかわからないということになります。

けじめがないということでいえば、誰と誰が戦っているかわからないということでもあります。「戦闘員と非戦闘員の区別もつかない」ということです。宣戦布告の有無というのは単なる形式ではなく、実態を伴うものなのです。

つまり、国際法の世界では、形式は実態を伴うものをいうのです。単なる実態と、実態を伴う形式というのは正確に区別をしないといけません。

第二が中立国の設定です。誰と誰が戦っているのかわからないということは、現場の戦場においては戦闘地域と非戦闘地域の区別がないということです。

国家単位でいうと味方・敵・中立の区別がないということになります。味方・敵・中立の区別がない事変では、アメリカが日本と中国の両方と取引をして儲けるという〝死の商人〟みたいなことをしても違法になりません。

もっとも、日本にしても、アメリカから石油を買わなければならないので、わざと宣戦布告をしなかったということもありました。結局日本は、一九四一年十二月八日に英米に対して宣戦布告をするまでは、〝中国との戦いは、戦争ではなくて事変である〟という方針を貫き通しました。

対米英宣戦布告後の十二月十二日に、東條英機内閣が「支那事変も含めて大東亜戦争である」との閣議決定をしています。「日中戦争」といいたいなら、この時点以降の大東亜戦争の一部を指すなら必ずしも間違いではありません。何の目的でわざわざそんなややこしいことをしたいのかは、嗜好《しこう》の問題ですが。

第三に封鎖ができるか、できないかです。これは味方・敵・中立の設定ができないということとリンクします。戦っている双方に延々と武器や物資が供給されつづける状況は、武器や物資を供給する側にすれば「美味しい市場」です。儲けることを考えたら、〝敗戦が確定するよりは不利でも戦いつづけているほうが望ましい〟ということになります。
しかしそれでは、いつまでも決着がつきません。「どちらも頑張れ」というような運動会的な発想を国際紛争にあてはめるのがどれだけ危険かということです。戦争が決着をつけるための決闘から発展したことを考えれば、「関係ない者は手を出すな」ということがいかに大切な意味を持つかがおわかりいただけると思います。

これでどうして「日本の侵略」？

満洲国建国後、昭和十二年（一九三七年）七月七日に盧溝橋事件が起きます。これも国際法的に見た場合は、日本に非があるわけではありません。日本が北京近辺に兵を駐屯させていたのは、あの「義和団事件」の後に結ばれた北京議定書に基づいてのもので、何の違法性もありません。

しかも、未確認の有力説として、「当時、北京で活動をしていた中国共産党の劉少奇が、日本軍に向かって発砲をする工作を行なった」というものさえあります。そういう話が、中国共産党軍の「戦士政治課本」に書かれていたというのです。いかにも、ありそうな話です。

「謎の発砲」を受けて日本軍と中国軍は衝突しますが、しかし直後に停戦協定も結ばれています。これがきっかけで支那事変が始まったわけではありません。

教科書には、盧溝橋事件から「日中戦争泥沼化」と記述され、いかにも日本が先に攻撃を開始し、侵略を開始したかのように書かれていますが、国内の状況を見れば、そのときの日本には客観的に戦う意思はなかったことがわかりますし、国策として侵略を計画できるような状況にはありませんでした。

簡単に書くと、参謀総長が宮様（閑院宮載仁親王）、参謀次長（今井清）と現地司令官（田代皖一郎）が揃って危篤、国内政局では林銑十郎首相が二大政党に喧嘩を売って返り討ち（食い逃げ解散）、何より大事な大陸駐留の軍備は中華民国の十分の一。これで侵略を仕掛けたら、日本人というのはよほどの大馬鹿者です。さすがに考えにくい。

ただし、一触即発の状況はありました。むしろ中華民国の側に仕掛ける動機が。

この当時になると、中華民国の国内では、かつての満洲よりもさらに酷い日本人排斥事件が多発するようになります。かつては弱い立場の〝日本国籍コリアン〟が狙い撃ちされていたものが、もう遠慮なく日本人を狙った傷害事件や殺人事件が頻発するようになっていました。もちろん、蔣介石にそれを治める力もなければ、その意志もありません。さらに広安門、廊坊、通州で日本人虐殺事件が起きます。ここで紹介するのもはばかられるような残虐な方法で、日本人が次々と殺戮されていきました。

一つだけ紹介すると、女性の四肢を切断したうえで輪姦し（文字通り百人でかわるがわる行なう百姦の刑というのもあった）、さんざん弄んだあげくに殺す、といったような……。

特に通州事件は女性や子供も含め、悲惨極まりない虐殺が行なわれました。こういうものは、国際法以前の問題で、ナチスがユダヤ人にしたことと同様の「犯罪」です。単なる約束違反、仁義に反するではありません。

「挑発がないのに攻撃するのが侵略（侵攻）である」という国際法の定義に照らせば、ここまでやられた以上、日本が反撃しても何の問題もないということになります。当時の中華民国から今の中華人民共和国がこれを「日本の侵略」だと喚《わめ》き散らしていることが、いかにプロパガンダ（嘘を混ぜた宣伝）にすぎぬものかは明らかです。

しかも、それでもなお日本は中国に戦いを仕掛けたのではありませんでした。なんと、本格的な戦闘を仕掛けてきたのは中国側だったのです。

中国側は列強が租界を設けていた上海で、大山事件などの日本人攻撃を立て続けに引き起こします。大山事件というのは、大山勇夫海軍中尉と斎藤與蔵一等水兵が射殺された事件です。そうして緊張を高めておいて、一九三七年八月十三日、中国軍はかねて上海近郊に配置していた最精鋭部隊をもって、上海の居留民保護のために配置されていた日本海軍の陸戦武隊に攻撃を仕掛けてきたのです。上海近郊に配備されていた中国軍の数は二十万、それに対して上海の海軍陸戦隊は六千あまりでした。

当時、参謀本部作戦部長だった石原莞爾などは増援部隊の派兵に反対していましたが、事ここに至っては是非もなく、日本は陸軍部隊を派遣。苦戦のすえ中国軍を駆逐して、そのまま南京攻略戦に流れ込むことになるのです。

「最恐の権力」とは極悪な暴力に合法性を与えたもの

ところで、残虐な通州事件が起きた通州は、当時、日本が作った傀儡政権・冀東防共自治政府の首都でした。冀東防共自治政府麾下の保安隊の兵士たちが反乱を起こし、政府の代表であった殷汝耕《いんじょこう》を拉致するとともに、日本人を虐殺したのです。このような政府とその部隊を「傀儡政権」にしきれなかった帝国陸軍にも責任がないわけではないのですが、悪いのは支那人です。

日本人のメンタリティーには、〝異ネイション〟を支配するという習慣がないので、日本にはそもそも傀儡どころか、植民地を持つ資格がありません。なぜなら、相手を「人間扱い」するからです。

プーチンが勇猛果敢なチェチェン人などをどうやって抑えつけたかというと、地回りのヤクザのごとき人物を大統領のような職に取り立て、国の重鎮のポストに据えます。その人間に地元民を地回りの感覚で搾取させて黙らせます。その際には、「税務署」が大車輪の活躍をします。さらに警察活動という名目で、反対派の指導者を抹殺していくのです。

ちなみにロシアの税務署は軍隊と同じように階級があります。プロレスラーの前田日明が引退試合で戦ったオリンピック金メダル三連覇のアレクサンダー・カレリンのそのときの階級は、〝税務署大佐〟でした。

中華民国を実質的に牛耳っていた〝実業家にして政治家〟の宋子文も税務署の元締めです。彼は南京政府では財政部長を務めていました。なぜ宋一族が金を儲けただけで威張り散らすことができていたかというと、彼らがいわばマフィアの親玉だったからです。しかも軍隊と変わらない武器を持っています。その金をもらっているギャングの一人が蔣介石というわけです。税務署というのは、合法的にカツアゲができるということです。

まさに「最も恐ろしい権力とは、極悪な暴力に合法性を与えたもの」なのです。

支那事変が「戦争」なら、死の商人はもっと悪い

先に見た西安事件で、蔣介石が脅迫されたことから停戦していた国民党と共産党は、盧溝橋事件をきっかけに正式に合作することになります。孫文の時代のそれに対して、第二次国共合作といいます。これにより、それまでテロ団体にすぎなかった中国共産党が中華民国内で合法化されます。

ただ、何度も繰り返したとおり、中華民国は清朝をそのまま継承していたわけではありませんし、条約遵守についても治安維持についても外国人保護についても、何の責任を果たす意志も能力もありません。相変わらず、支那大陸は無法地帯であったわけです。「そこで合法化されたからといって、何の意味があるの？」ということでしかありません。

ところが、本当に言い訳だけはうまくて、日本政府が「中華民国は無主の地じゃないか」と主張しつつ、人事異動で公使を交代させる際には国と認めていないのに信任状の交換要求をするので（お役所仕事だけはちゃんとやる）、それを国際連盟に告げ口して、「日本はわれわれを国として認めているから信任状の交換をやっているではないか」と主張するわけです。

支那式の〝ああいえば、こういう〟に、日本はまるで勝てないのです。

中華民国側も日本も、宣戦布告をしない「事変」という状況を有利にしようとしたところがあります。中立国の設定をしないことで蔣介石は世界各国に支援ルートを作り、物資を含めた援助を複数取りつけます。日本はその支援ルートを潰さないかぎり勝てなくなります。「援蔣ルートを遮断」などとやっていくと、やればやるほど敵対国を作ってしまうという悪循環に陥ります。

この当時の日中関係に関する日本の教科書や学校での扱い方は、「国際法」と「国際政治」と「国内の行政の論理」を全部一緒くたにしてしまっています。その結果、それぞれについて、何がどう間違いなのかを教えていません。なぜそうなのかはわかりませんが、いずれにせよ、確信犯的に日本を貶めるためにわかっていながらそういう教え方をしているか、本当にわかってないかのどちらかでしょう。どちらも罪深いことです。

一九三七年以降の支那事変の日本について、「一九二二年にワシントン会議で決められた九カ国条約と、一九二八年にパリで結ばれた不戦条約に違反している。国際法違反だ」というステレオタイプの批判はあるのですが、満洲事変と同じ法理なので、「だから何？」で終わってよい話です。

むしろ、支那事変を「これは戦争だ」として非難するのであれば、「ここでアメリカが日本と中国の両方を相手に死の商人をやっていたことのほうが中立違反で、国際法違反だ」と指弾されなければならないはずです。

私は支那事変は事変であるのでアメリカの行為は国際法違反ではないと思いますが、「日中戦争」論者は「戦争」と言い張るならアメリカの死の商人ぶりを批判しなければ論理が一貫しません。

その行為は刑事罰を下すべき「犯罪」か、「慰謝料程度の話」か

満洲事変にしても、支那事変にしても、国際法的に見ていくと、日本が悪くいわれる理由がないことがわかってきたのではないかと思います。平たくいうと、「殴られたので殴り返したら、それで『悪者』呼ばわりされてしまった」というのと同じことです。では、「悪者」呼ばわりしている方々（アメリカ、ロシア、中国……）はどうかというと、「殴られたら殴った相手を殺す」くらいのことをしている人たちであるわけです。

これが人対人の関係なら、殴られるのも殴り返すのも嫌なら逃げることができます。しかし、何度も繰り返しますが、国の場合には逃げ場はありません。

それでもまだ、アジアでやっていたことは子供の喧嘩のレベルです。そこで、日本軍がし

た残虐行為だということで南京事件を無理やり持ち出されてしまいますが、事件の中身を検証していくと、その前に日本人が大勢犠牲になった通州事件のほうがよほど残虐です。南京事件については、小著『歴史戦は『戦時国際法』で闘え』（自由社、二〇一六年）に詳しく書きましたので、本書では簡単に触れて終わりたいと思います。

「南京事件はでっち上げです。終了！」

ここで再びドイツの話に戻ります。

ヒトラーは次々と伝統的な国際法違反を犯しましたが、しかし、「水晶の夜」以降のユダヤ人虐殺＝ジェノサイドは、「国際法違反」などのレベルで論じられるべき話ではありません。第2章の違法行為のところで述べたように、これは許されざる「犯罪」であって、残虐無比なる殺人犯として国内公法、刑法で裁くレベルの話です。

この対比でいうと、日本がやっていることというのは民法の世界です。「中華民国なる相手にいくら居留民保護を頼んでも、やってくれるどころか、むしろ迫害してきてこちらがケガさせられたので、自力救済したら相手にケガをさせてしまいました」とか、「満洲って国際法上は無主の地ですよね？　と正しい主張をしたら、蔣介石という人が石を投げてきたので、自力救済のために石を投げ返したらケガをさせてしまいました」という話だといえます。ですから日本の場合は、本当に悪かったとしても、慰謝料請求を受けるかどうかの話でよいわけで、有罪か無罪かという話ではありえません。世界史をきちんとひもとけば、このレベルの似たような話はあちこちにあります。日本だけがこれを国内での刑事裁判のような断罪を受けなければならないという法理は当然どこにもありません。

「ゲリラ行為」をやった側のほうが罪深い

仮に、南京事件があったものとして。

それでも、「南京事件はヒトラーと同じ虐殺ではないか」というのであれば、何をもって虐殺というのかを国際法的に考えてみることにしましょう。

一九六八年三月十六日、ベトナム戦争中にアメリカ軍が非武装のベトナム住民を村ごと虐殺する事件が起きます。ソンミ村虐殺事件です。この事件はベトナム反戦運動のシンボルにもなりましたが、はたして戦時国際法では合法でしょうか？　違法でしょうか？

ここが難しいところです。もしソンミ村がゲリラの策源地ではないのなら、これは明らかに国際法違反です。犯罪です。しかし、ソンミ村がゲリラの拠点だったとしたら、ゲリラ討伐は合法ということになります。合法（違法性の阻却）で悪ければ、違法に関する責任性は阻却されます。

ちなみに、第二次大戦後は国際法の保護対象にしてもよい「ゲリラ」と単なる犯罪者である「テロリスト」は区別されますが、大戦までは区別されません。当時のゲリラは今のテロリストと同じ意味です。

そもそも問題になるのは、「ゲリラ戦」という戦い方です。このことは繰り返し強調しなければなりませんが、国際法では、このような悲劇を招来しないように、戦闘員と非戦闘員を峻別《しゅんべつ》してきたのです。兵士が軍服を着るのは、その区別を明確にするためです。そして非戦闘員を攻撃することは、断じて許されることではありませんでした。

しかし共産党や中国国民党などをはじめ、国際法を重んじようとは毛頭思わない勢力は、そのような「区別」などお構いなしです。彼らは平気でゲリラ戦を採用します。平服の人間がいきなり射撃してきて、そのまま民間人の中に紛れ込んだりしたら、軍隊はわが身を守るために、民間人に扮している人間を探し出して殺害せざるをえなくなります。そして、そのようなゲリラ討伐は、何ら違法とされるべきものではありません。

南京事件と称されるものも、その本質はこのゲリラ討伐です。南京戦では中国軍司令官の唐生智が徹底抗戦を呼号したあげく、自分たちだけは逃げ出して、兵士が指揮官なしで取り残されます。これにより軍隊単位で降伏するという正しいあり方が取れなくなりました。

さらに、国際法では降伏をするときは軍服を着たままでなければいけません。しかし中国軍の兵士たちは勝手に軍服を脱ぎ、民間人の中に逃げ込んだり、暴行掠奪を繰り返したりしました。しかも、中国軍はそれまでも平服の兵士（便衣兵）を使って攻撃を仕掛けてくる手法を幾度も繰り返してきました。

便衣兵とは中国のゲリラのこと、今でいうテロリストです。兵士が軍服を脱ぎ捨てて民間人に紛れる、などという行為を許したら、どうやって戦闘員と非戦闘員を区別するのでしょうか。中華民国は、グロチウス以来の人類の文明を真っ向から否定しているのです。

これでは日本軍も便衣兵を放置するわけにはいきません。南京で日本軍が便衣兵討伐のために一定数の殺害をしたことは間違いありません。その中に、もしかしたら民間人も入っていたかもしれません。しかし、それは便衣兵を用いた戦術をそれまで採用し、しかも降伏もせずに逃げてしまった司令官がいた中国軍の側に主たる責任がある問題です。

戦場においては、殺されたくないのなら、疑わしいことをやってはいけません。「ゲリラ行為をやる」ということは、非戦闘員を巻き込むという意味で、より罪が重いのです。

ここで話をややこしくする要因が一つあります。ヒトラーは、ドイツ人一人が殺されたら無差別に百人殺すという報復を行ないました。それがあまりにも酷すぎるので、「過剰防衛」という概念が国際法に持ち込まれることになりました。

しかしこれは、「無関係な人まで殺してしまうのはよくないので、極力それは避けましょう」というだけのことであって、はっきりと何人までならよくて、何人以上はアウトという話ではありません。

ちなみに、当時の便衣兵討伐も、今のＩＳ討伐をはじめとする対テロ作戦も、論理的にはまったく一緒です。南京事件を国際法違反だというなら、テロとの戦いの多くは違反以外の何ものでもありません。とりわけ、民間人を「誤爆」しても「ゴメンナサイ。でもテロとの戦いでやむをえなかったのです」などといって済ましている国や、テロ撲滅を口実に国内の少数民族への弾圧を強化している国などに、何をいう資格があるでしょうか。

第6章　「戦争がない世界」は夢か欺瞞か

1 社稷を失う契機としての三国同盟

「裏切り」は国際法違反にあらず

前章で満洲事変から支那事変期の日本と、アドルフ・ヒトラーの所行を比較しました。国際法的な見地では「比較にもならない」ことがおわかりいただけたかと思います。どちらがどうかは、いうまでもないことでしょう。

本来は交わらなくてもよかった二国ですが、交わらざるをえなかったのはナチス・ドイツが中華民国に肩入れをして、さんざんに軍事支援していたからでした。前章で第二次上海事変のことをお話ししましたが、このときに攻めてきた最精鋭の中国軍というのは、ドイツ式に訓練され、ドイツやチェコの最新鋭武器を装備している部隊でした。トーチカを構築して圧倒的兵力で日本軍を包囲殲滅する作戦計画の大元もドイツ人軍事顧問によって立てられています。このため日本軍も戦死傷者が四万に及ぶほどの損害を被ることになりました。日独伊は支那事変前年の一九三六年十一月には防共協定を結んでいるのですが、もちろんヒトラーはそんなことはお構いなしです。

実は日独伊防共協定を日独伊三国同盟に格上げしようと動いた人びとの動機の一つは、アメリカへの牽制と並んで中国とドイツを離間させるということだったといわれます。しかし、何を考えているのかという話です。裏切りの常習犯のドイツは、一九三九年八月二十三日にソ連と不可侵条約を結んでいます。こともあろうに、ノモンハンでわが国が交戦中のソ連と。

一九三六年の日独伊三国防共協定の秘密協定では共産主義国家のソ連を敵視しています。そういうものがありながら、ドイツはソ連と手を結びました。政策判断として考えれば、日本は即座に日独伊三国防共協定を破棄するという選択もありました。

ヤクザの仁義というのは、相手に舐めた真似をされたら負けです。条約を守る能力はあるけれど守る意志がない相手には、意趣返しをして舐められないようにするしかないのです。ヒトラーは、まさにそういう相手なのであって、確信犯です。自分の都合を主張するだけの中華民国とはわけが違います。しかし、当時の日本の指導者層がその意味をわかっていたとは、残念ながら思えません。

わかっていたのは、やはり石井菊次郎くらいでしょうか。石井菊次郎は『外交余録』で

「濫りに『タ』公（引用者注：タレーラン公爵のこと）を模倣せんとしたら失敗立所に到るであろう」と記しています。どうせ欧州のサークルには入れないし、タレーランのように外交で策を弄するようなことでうまくいくはずがないのだから、そんな真似をするよりも、条約を守る意志と能力があるということを示して生き抜いたほうがいいというのです。

陸奥宗光や小村寿太郎も「国際法は武器」だと考えて、それに則って生きるということをわかっていました。しかし、彼らの後に外相になった幣原喜重郎は「国際法は強制法」だと思っていました。さらに最悪の外相・内田康哉に至っては論じる言葉がありません。

「裏切り」あるいは「心変わり」を国際法違反というのは、女々しいことです。中江兆民の『三酔人経綸問答』にあてはめれば、独ソ不可侵条約を締結したドイツを「国際法違反」だと指弾するのが洋学紳士君で、「国際法なんて紙切れだ」というのが豪傑君です。このときはムッソリーニも含めて、みんな洋学紳士君と豪傑君の両方に目配りできる南海先生です。ところが日本だけが茫然自失なのです。

独ソ不可侵条約締結を知った平沼騏一郎首相は「欧州の天地は複雑怪奇なり」といって政権を投げ出しました。平沼は国際法をわかっていないだけです。彼は検察官・右翼の親玉として豪傑君のように見えますが、国際政治においては洋学紳士君です。

日独伊三国同盟——そして石井菊次郎、ただ一人反対

ドイツとソ連は独ソ不可侵条約の秘密議定書で、ポーランド分割だけではなく、バルト三国をソ連の勢力圏として認めると決めていました。スターリンは、ポーランドへの侵攻とほぼ同時進行で、エストニア、ラトビア、リトアニアに軍事進駐し、翌年一九四〇年には相次いで属国化してしまいます。さらにスターリンはそのついでとでもいうようにフィンランドにも手を伸ばします。バルト三国へ軍事進駐したのが一九三九年九月末から十月で、フィンランドに侵攻したのが同年十一月末です。これらは、いうまでもなく、国際法違反です。これを侵攻といわずして何を侵攻というのか。

国際連盟はフィンランドへの侵攻を非難し、ソ連を侵攻国と認定して、英仏で義勇軍を送る構想を立てますが、ヒトラーのドイツとの二正面作戦ができないので頓挫してしまいます。事実上、見殺しにしたも同じなので、かわいそうではあります。

一九四〇年四月、ドイツもノルウェー、デンマーク、ベルギー、ルクセンブルク、オランダ、次いでフランスに侵攻していきました。デンマークはノルウェーと同時に侵攻を受けますが、デンマークはわずか四時間しか持ちこたえられず、デンマーク国民は朝になったら自

分の国がドイツになっていたというありさまです。

ルクセンブルクは無抵抗で降伏しますし、軍事力が低下していたオランダも抵抗することができません。唯一ノルウェーだけがイギリスなどの支援を受けて抵抗を続けますが、長くは持ちませんでした。ベルギーも抵抗はしますが、早々に降伏します。

ドイツは、フランスに攻め込んで初めて英仏と交戦することになります。ベルギーに手を出されたらイギリスは自動的に参戦することになります。

繰り返さざるをえないのですが、国際法は、「破った者よりも、破った者を制裁できない者のほうが悪い」というようにできています。こういうことになると、もう力で解決するしかない状態になってしまうのです。

このような状況下、一九四〇年九月、日本は日独伊三国同盟を結びます。

なぜ、ここに至ってその決断なのか、疑問に思う人は多いのではないでしょうか。当時の政府としては、ドイツの快進撃に幻惑されて、「独ソ不可侵条約のときに日英同盟復活なんてやらなくてよかっただろう」といわんばかりです。独ソ不可侵条約の段階で正気を失っているわけですから、原則に立ち戻るという発想がない状態です。

近衛文麿内閣に外相として抜擢《ばってき》された松岡洋右は、さらにソ連と日ソ中立条約を結び、日独伊ソの四国同盟で英米を牽制し、支那事変和平に結びつけようと考えます。そのために外務省の親米、親英派を大量にリストラすることまで行ないました。

一応弁護しておくと、松岡は、今までの霞が関伝統外交で取り返しがつくはずもなく、ここまでこじらせてしまったのなら、これくらい無茶をやるしかないと考えていました。

しかし、それに対して唯一の批判者だったのが石井菊次郎です。

〈独伊両国の国柄を見るに、独国と結び利益をうけたもののないばかりか、これがため却って社稷《しゃしょく》を失うに至りたるものあり。（中略）いずれより考うるも彼ヒットラー総統の率いるナチス独逸国が、永きにわたり帝国の忠誠なる友と考うること能わず、敢て政府に苦言を呈せんとす〉（東京朝日新聞「背信の人ヒ総統　石井顧問官の痛撃」石井顧問官演説〈要旨〉。『外交随想――石井菊次郎遺稿』）

要するに、ドイツと手を組んで幸せになった国は一つもないというわけです。

イタリアに至っては「他国人に冠絶する天然的練狡性の持主」と評しています。しかし、公の場で苦言を呈することができたことはさすがですが、石井自身もいっているように、

「事ここに至っては」の状態だったのです。

国際法というよりも、むしろ外交の話になってしまいますが、しかし、石井がいっていることというのは、約束を守る意志がない相手との同盟に国家の運命を賭けていいのかという原則論なのです。国際政治においては、こういう原則、確立した慣習法である国際法の理解の有無がいかに明暗を分けるかということが身に染みる事例といえるでしょう。

国際法というのは、洋学紳士君がいうような上位法ではなくて、仁義としての合意法であって、土台がヤクザの論理なのです。

この場合、「ドイツのヒトラーというのは盃を交わしても信用できない相手だ」という批判を、当時の松岡洋右に面と向かってできた人が、石井菊次郎一人しかいなかったことが悔やまれてなりません。

洋学紳士が幣原、豪傑君が松岡、南海先生が石井だったわけです。

戦時中は力任せの松岡が、敗戦後はアングロサクソンについていくだけの幣原の路線が主流です。

独ソ戦――やったもの勝ちの論理

そして一九四一年六月、ドイツはソ連領内に侵攻しました。これは国際法違反かどうかといえば、もちろん国際法違反に決まっています。

独ソ不可侵条約を締結していたとはいえ、ヒトラーはもともと共産主義を非常に警戒していた人物です。もとより、そんな相手をソ連のスターリンも信用しているわけがありません。お互い、「いつか殺してやる」と思っているどうしです。

ヒトラーがまだイギリスとの決着がつかない段階でなぜソ連への侵攻を決定したのかは謎なのですが、不意を衝《つ》く形になったことで、侵攻当初はドイツが優位に立ちます。しかし、秋をすぎて真冬になると、極寒の装備を持たないドイツ軍の動きは停滞し、劣勢に転じます。

最終的に、ヒトラーはスターリンに対しては勝つことができませんでした。

侵攻を仕掛けて勝てなかった場合、国際法は過去に遡《さかのぼ》ってドイツを侵攻国に変えてしまいます。歴史学はその時点の価値観で見るのですが、第二次大戦後の国際法は結果で過去に遡って平気で変えるのです。それを踏まえないと、実は歴史学はわかりません。

その頃、日本と支那の関係は泥沼化しています。日本はアメリカから石油を得るため、中華民国に対して正式な宣戦布告をしなかったことは前節で述べたとおりです。ところが、一九三九年には日米関係は次第に悪化し、同年七月に、アメリカは日米通商航海条約の破棄を通告。その六カ月後の一九四〇年一月に条約は失効します。一九四一年になるとアメリカからの石油の調達は絶望的になるほど険悪になりました。日本がドイツなどとよろしくやっているのですから、当然といえば当然なのですが。

この石油の調達を南のインドネシアで行なうか、本来の敵である北に備えるかということで、南進論か北進論かという話になります。一九四一年はヒトラーのドイツがソ連に侵攻したときですから、宿敵・ソ連を倒す千載一遇のチャンスです。

このときに、日本政府が下した決断は実に玉虫色でした。北守南守、つまり南で様子見をしながら、北でも様子見をするというものです。ただ一つ決まったのが関東軍特種演習（以下「関特演」）です。対ソ連作戦準備として行なった「特別な種類」の演習のことで、「特殊」な演習ではありません。演習でもって牽制し、情勢によっては攻め込めばよいという、とてつもなく玉虫色の決定です。

しかし、この関特演がソ連に大いなる恐怖心を抱かせました。ソ連が日本をどのくらい怖がっていたかというと、昭和二十年八月までソ連は攻めて来ることができません。そのときには関東軍の兵力は骨抜き状態だったのですが、ソ連は「関東軍の公称七十万が本当だったらどうしようと」と、その二倍の兵力とありったけの最新兵器を持ってきました。日本は、張鼓峰事件とノモンハン事件でソ連に押された分を、演習にすぎない「関特演」で戦うことなく取り返しているわけです。仮にノモンハン事件が外交的に敗北だったという説が正しければ、それ以上に、「関特演」は戦わずして大勝利といえるほどの効果があったわけです。

では、「関特演」は国際法違反でしょうか？　日本近代史家の多くは「違反」だとしますが、どう考えてもそれは間違いです。「関特演」というのは、対ソ連作戦準備演習でした。このタイミングだったら殴れるかもしれない、殴ってやろうかと身構えただけです。身構えただけでは、国際法違反にはなりません。国際法を知らないと、歴史の史料を正確に「読み解く」ことはできないのです。

なお、ソ連は一九四五年八月に、日ソ中立条約を破って侵攻してきました。言うに事欠いて、「日本が関特演をやった時点で条約は無効だ」と、わけのわからないことをいっています。だったら、その年の四月に「不延長通告」をしたのは何なのか。

知り合いのロシア人がそんな子供でも騙せない嘘をついたら、「恥ずかしいからやめなさい。そんな大嘘、日本人の歴史学者しか騙せませんよ」と教えてあげてください。

2 日米開戦への道

対日禁輸とハル・ノート――何をもって挑発か

よく勘違いされますが、先に武力攻撃をしたから侵攻（侵略）なのではありません。大事なのは、どちらが先に挑発したかです。

だから、真珠湾攻撃で日本が先にアメリカを攻撃したから侵攻（侵略）だというのは、間違いです。

一九四一年七月末、アメリカは対日禁輸を発動します。これ自体は合法です。ただ、軍事以外の方法でその国の生存権を奪いにいくことになるので、これは「挑発」になります。

その同じ年の十一月にアメリカ政府から日本政府に提示されたのがハル・ノートです。当時のアメリカ国務長官のコーデル・ハルの名をとった交渉文書で、日本語の名称では「合衆国及日本国間協定ノ基礎概略」といいます。

真珠湾攻撃の直前に提示されたものであることから、最後通牒あるいは宣戦布告に類する文書と見る人もいますが、本書では国際法の観点から見ていくことにします。

まず、冒頭に「厳秘　一時的且拘束力ナシ」とあります。期限を定めているものでもなく、言葉としては「案」「提案」であり、アメリカ側が、一方的に自分たちがこうしてほしいという要求を突きつけているだけです。要求を受け入れなかった場合は戦争になるということも書いていないので、最後通牒としての形式的要件を満たしていません。

しかも、これまでの交渉内容をほとんど踏まえずに、自分たちのいいたいことだけを主張した内容です。

冒頭に書いたように、アメリカは七月末に対日禁輸を決めました。そのことで、石油の九割近くをアメリカからの輸入に頼ってきた日本を窮地に立たせています。その一方で、アメリカは日本と交戦中にある蔣介石に物資を回しています。

にもかかわらず、「他ノ諸国ノ国内問題ニ対スル不関与ノ原則」「通商上ノ機会及待遇ノ平等ヲ含ム平等原則」「一切ノ国家ノ領土保全及主権ノ不可侵原則」といった要求が並びます。さらには、九カ国条約での悪夢を彷彿とさせるような、中華民国を含む複数国間での相互不可侵条約、三国同盟の空文化、支那及び仏領インドシナからの撤退といった、まさに国内問題への干渉を内容とするものが並んでいます。「支那から撤退しろ」との要求もありますが、その「支那」の中に満洲が含まれているのかどうか明言もしていないといういい加減さです。まして、長らく主権国家の政府としての機能を果たしてこなかった蔣介石の国民党政府だけを承認しろなどという話を日本が飲めるわけがないことは、誰の目にも明らかです。誰のせいで支那事変が起こったのかわかっていっているのだとしたら、なおのこと受け入れ難い内容です。まさに出鱈目《でたらめ》づくしです。

フランクリン・ローズベルトが対日開戦の準備のために時間稼ぎをしていたというのは抜きにしても、日米は一年をかけて和平のための交渉をしていました。そのあげくに持ってきた内容としては、日本側が「挑発」と受け止めても当然の非礼さを含んでいます。東京裁判でもパル判事が、こんな文書を突きつけられたらモナコやルクセンブルクだって宣戦布告するだろうと述べています。

結論としていえば、ハル・ノートは国際法的には宣戦布告でも最後通牒でもない、「出鱈目な挑発的文書」としかいえません。交渉以前に会話になっていないわけです。まじめに和平をやる気がないことは明らかで、こんなものを送ってくる相手と話を続けるかぎり、自分の死が一刻一刻、一秒一秒近づいてくるのです。

ハル・ノートが最後通牒なのかどうかという議論自体、無意味です。単なる最後通牒と呼ぶのもおこがましい非礼な挑発です。

はっきりいいますが、アメリカは「殴ってみろよ」と挑発しているのです。しかも殴り倒さないと、こっちが殺されるような状況で。

オランダ領インドネシアを保障占領すべきだった

ここで日本が座視していたら、石油などの輸入を断たれた日本は立ち枯れて死ぬだけです。といって、真珠湾攻撃がベターな選択だとも思いません。地政学的に見れば、オランダ領インドネシアを保障占領するのがベストな選択だったのではないでしょうか。

このとき、日本は、アメリカの通商航海条約破棄を受け入れて屈服するか、独自の道を歩むかという選択を迫られたわけですが、そこで独自の道というは、別に「対米開戦」だけではありません。

日本では、ＡＢＣＤ包囲網という言葉がよく使われました。これは、実は日本人が苦し紛れに言い出したプロパガンダで、Ａがアメリカ、Ｂがイギリス、Ｃがチャイナ、Ｄがオランダです。この中でＣの蔣介石は重慶の山奥で徹底抗戦をしていますが、軍事的（つまり物理的）には、日本軍に追い詰められています。「日本を包囲している」といわれても、「何のことですか?」だったでしょう。実際、ある中国人研究者は、ＡＢＣＤ包囲網の話をすると、「何のことですか」という反応でした。

それを踏まえたうえでも、英米が蔣介石を支援するので、日本は支那事変の泥沼に苦しんでいます。しかも、アメリカの禁輸で生存の危機にさらされます。何とか石油を確保せねば!

ここで重要な国が一つあります。オランダです。オランダ領インドネシアには石油があります。これさえ獲得してしまえば、アメリカの禁輸など物の数ではありません。

では、日本がオランダ領インドネシアを攻撃したら侵攻になるのか。

なりません。

当時のオランダはドイツに占領されていたので、いわゆる対等の国ではありません。幸か不幸か同盟国となっているドイツの許可を取れば終了です。「ドイツ君、君の持ち物のインドネシアをもらうね!」で終了です。なんなら、さんざん不誠実な態度を取られてきたのですから、黙ってインドネシアをもらっても構いません。まさか、地球の裏側までドイツが日本に戦争を仕掛けてくるわけではあるまいし。

そもそもオランダがなぜ日本に喧嘩を売るのか。しかも、ただ英米の後ろでやいのやいの挑発していただけです。米英蘭の経済封鎖によって生存権を奪われた日本が、挑発してくるオランダ領インドネシアを侵攻して併合したとしても、国際法違反にはなりません。英米蘭が一緒になって日本を包囲しているのですから、英米蘭の経済封鎖によって生存権を奪われた日本がオランダ領インドネシアを保障占領してもよいわけです。当然、これも国際法違反にはなりません。

日本近代史家君だったら国際法違反とか言い出すのでしょうけれども、では、ドイツとソ連がやっていることはどうでしょう。イギリス・フランスは、すでに国際法違反をやり尽くしたからやらないだけ。アメリカもこの時期、中立義務を守っていません。

国際法は合意法です。みんなが合意していないものを日本だけは頑なに守れ、などという理不尽はないのです。

私にいわせると、このときの日本は政治的に無能だったと思います。「何年何月何日何時何分までに、その日米通商航海条約の廃棄を撤回しなければ……」という最後通牒をアメリカに送っておけばよかったのです。当時の外務大臣は東郷茂徳ですが、残念ながらそういう知恵が回りません。

前節の「関特演」との比較で考えてみましょう。「関特演」の場合は「殴ってやろうと考えただけ」でした。では、今回のアメリカの行為はどうなるかというと、対日禁輸は「飢え死にしそうなときに糧道を断つ」という挑発行為です。さらに、ハル・ノートというのは、「死にたくなければ、そこで土下座しろ」と書き送ってきたといったところでしょう。アメリカの海軍長官、陸軍長官、国務長官、陸軍参謀総長とローズベルトとで、どうやって日本を挑発して最初の一発を打たせるかという謀議をやり、その翌日に出たのがハル・ノートだともいわれています。

だからこそ、日本は挑発を無視してオランダ領インドネシアの保障占領を行なうべきでした。それでアメリカが石油を運ぶ日本のタンカーを沈めようものなら、逆にアメリカが日本に対して宣戦布告をすることになり、逆手を取れたのです。ただ、当時のアメリカ世論にしてみれば、「なんで、東洋くんだりで戦わなければいけないの?」という程度でしかありません。こんな上策があるにもかかわらず、真珠湾に攻め込んだ意味を私は理解できません。

理解できないといえば、ローズベルトも同じです。アメリカも日本が打てる手として、オランダ領インドネシアに行くという策は当然念頭に置いたはずです。ドイツをいくら挑発しても撃ち返してこないので、ドイツの同盟国の日本を挑発するという「裏口参戦論」だったという説明がよくされますが、実は理屈が通りません。だから、日本への執拗《しつよう》な挑発は裏口参戦のためではなく、本当にローズベルトが異常なほどの反日だったと考えたほうが、説明がつくのです。

さらにいえば、もし日本がオランダ領インドネシアの保障占領を行なったとしたら、そのときが三国同盟を切る絶好のタイミングでもありました。裏口参戦論のようなものが出てくるように、特に日独の同盟は日本に敵対する相手国や、日本を滅ぼしたいと思っている勢力にとっては美味しいネタでしかありません。

日本による真珠湾攻撃と宣戦布告の法理

しかし、日本は結局、アメリカとの戦争という道を選んでしまいます。一九四一年十二月八日、日本は真珠湾攻撃を行ないました。これは国際法違反でしょうか？

違反ではありません。すでに述べたように、一九四一年七月末に対日禁輸、十一月にハル・ノートと、アメリカの非礼な挑発が続いています。つまり、日本の真珠湾攻撃は、その挑発に対して行なったので侵略にはあたりません。

東郷外相は「対米開戦」派ではなかった、むしろ洋学紳士君でした。ハル・ノートはそんな東郷をも憤慨させ、すっかり対米強硬派にさせてしまいました。

今でいうなら、TPPの交渉をしているときに、「アメリカはハワイをカメハメハ王朝に返せ」と要求するようなものでしょうか。中身云々の前に「まじめに会話する気があるのか」と疑われるでしょう。

ハル・ノートに代表される一連の挑発に関し、アメリカの言い分は日本が支那を侵略しているから攻撃してもいいということなのですが、日本としては米英を侵略しているわけではありません。そもそも支那事変も先に殴ってきたのは中華民国側です。

当時はまだ集団的自衛権という概念は明文化されていませんが、その構図で説明すると、アメリカは事実上、集団的自衛権を発動しているのと一緒です。少なくとも中華民国に加担して、日本に対する敵対的な行動をしたわけですから、その交渉決裂の結果、戦うことになったとしても、宣戦布告が遅れようがなんだろうが関係ありません。しかも、先に挑発をしたのはアメリカ側です。

しかし、日本側も無能だったのは事実です。宣戦布告のことで揚げ足を取られたくなかったのであれば、駐米大使がワシントンDCでハル国務長官に手交するのと同時刻、東京でグルー駐日大使を呼びつけて、「宣戦布告！」といっておけばよかったのです。秘密を保持する必要があったとはいわれていますが、時間をあわせて手筈《てはず》を整えることくらいはできたはずですから、何の言い訳にもなりません。

この当時のお役所仕事は度を越えています。

私はそのときにやり取りして残っている電報をすべてチェックしていますが、一枚の宣戦布告文を分割して十三回に分けて送っています。今までの交渉経緯を全部書いていて、長すぎるので分割しなければ送れなかったのです。しかし、その一枚目を読んだアメリカはすぐに「宣戦布告」だと気付きます。それを長らく「日本の騙し討ち」だと信じる人が多かったのは、プロパガンダにしてやられてきた証拠です。

ちなみに、独ソ戦の開始決定をヒトラーが日本に黙っていたように、日本もヒトラーに黙って対米宣戦布告をしました。三国同盟は同盟としてまったく機能していなかったことが歴然としています。それでも、ヒトラーは、ここで米英と戦わないと永久に同盟が失われると宣戦布告をし、こうして第二次世界大戦へと世界は動いていくのです。

3 永遠平和のために——その国際法的考察

国際法と戦争とは「文明の徒花」だったのか？

その後の結果は、皆さんご存じ通りです。そして一九四五年六月二十六日にはサンフランシスコで開かれた連合国会議で国連憲章が調印されました。

よく、「ウッドロー・ウィルソンの理想が実現した結果、国連憲章によって人類は戦争がない社会を実現しました」と賛美されますが本当でしょうか？

それは今の社会を見れば一目瞭然でしょう。戦争とはいわなくなっただけで、紛争やテロ事件は根絶されていません。

戦争から「決闘」としてのルールも失われました。戦闘員も非戦闘員の区別もなく、交戦国や中立国の違いも不明確で、民族や宗教の違いで相手を殲滅するまで戦いつづけるような野蛮で凄惨な戦いが、世界各地で延々と繰り広げられています。

皆さんが、同時代にリアルに起きている悲惨な殺戮を見ながら、「戦争がこの世でいちばん悲惨なことだ。国連はその戦争をなくす組織だ」などと訳知り顔でいうことに、はたしてどのような意味があるのでしょう。

「理想」や「夢」という色眼鏡を外して現実を直視すれば、「ウィルソンの手で地獄の扉が開かれたのであり、二十一世紀現在、世界の紛争の九〇パーセントの元をたどるとウィルソンに行き着く」と考えたほうが正しくはないでしょうか。

こうして歴史を振り返ると、結局、国際法と戦争というのは、一六四八年から一九一四年までの「文明の徒花《あだばな》」だったのかもしれません。

しかし、それでいいのでしょうか。やはりここで、もう一度、グロチウスがなぜ三つの法則を提唱したのか、第一章に説明したことをもう一度思い出していただきたいのです。

確かに、日本人には現在の国際連合を、平和を実現してくれる機関のように信仰する方が多くいます。しかし、国際連合は国際連盟とは何の関係もない機関です。しかも、国際連合というのは第二次世界大戦の「連合国」です。日本と本当に戦っていた国は十カ国もないのですが、気がついたら日本は原加盟五十数カ国と戦争状態になっていました。なぜなら、国際連合に入るための条件が「対日宣戦布告」だったからです。

国連憲章は戦争を根絶したといいますが、敵国条項は現在もまだ撤廃されていません。敵国条項がいう敵国の一つは、「第二次世界大戦中に連合国の敵国であった国」です。名指しこそされていませんが、日本はそこに含まれています。死文化しているとはいえ、いまだに撤廃ができていないのです。

国際連盟は「仮面をつけた大国主義」といわれましたが、国際連合は「仮面を剝いだ大国主義」といわれます。国際連合を作るときには、フランクリン・ローズベルトがスターリンに譲歩しまくり、チャーチルが手も足も出ませんでした。ローズベルトは結局、ウィルソンの劣化コピーです。その結果、国際連合安全保障理事会常任理事国といわれる米英仏露中の五カ国が、これまで何をしてきたでしょうか。

日本の戦国時代の「天下統一」のごときものが、国際連合の誕生をもって実現できたといえるのでしょうか。現在の姿を見るかぎり、私はとてもそうは思えません。

インターナショナリズムとコスモポリタニズム

ここで二つの概念を考える必要があります。国際主義と訳されるインターナショナリズムと、世界主義と訳されるコスモポリタニズムです。

コスモポリタニズムというのは、全人類が一つにまとまれるという前提です。コスモポリタンのことを地球市民といいます。コスモ（世界）がポリス（都市）であって、そこのアン（市民）、つまり、地球という都市の民という意味です。

一方、インターナショナリズムというのは、地球には一つのまとまった人類の政府などというものはないという前提です。だから、いろいろな主権国家が並立している中で、知恵を出しあい、国際慣習に立脚して、仲良くしあおうと考えますが、これこそ国際法の発想です。インターナショナリズムは、それぞれの国のナショナリズムを前提としています。

コスモポリタニズムはそれぞれの国のナショナリズムを否定して一つのコスモ、地球市民になろうというところがある、そういう違いがあるわけです。

インターナショナリズムの人たちも、もちろん「仲良くしよう」とは考えています。しかし現実として、いろいろな主権国家が並立しているので、対立も起きるだろうし、世界政府などというものは到底実現しないだろうというリアリズムも持っています。だから、せめて、それぞれの国が自国の国益を追求するためには「国際法を武器としてやるしかない」と考えるわけです。それがまっとうな国際法学者なのです。

ところが、困ったことに、コスモポリタニズムの人たちの多くは、自分の考えるコスモポリタニズムとインターナショナリズムが違うということが理解できません。なぜかというと、インターナショナリズムが理解できないからです。日本の国際法学者の多くはコスモポリタニズムです。コスモポリタニズムでは国際法を理解することはできません。

たとえばEU（欧州連合）は、単純にいうと神聖ローマ帝国を復活させて、主権国家体系を中世に戻そうとしているようなものです。EU加盟国の共通点は、「白人」の「キリスト教国」の二つだけです。その域内ではコスモポリタニズムができます。

しかしその一方で、暗黙のうちに、その外の世界に対してはエクスクルージング（排外的）になりインターナショナリズムを主張するという二重基準になっています。トルコのEU加盟を認めないのは、その象徴的な現われです。

コスモポリタニズムだけでは、国際法、インターナショナリズムがわかりませんし、ここがわかっていないとEUのような今の国際社会の問題もわかりません。逆にいえば、本書をお読みになって、コスモポリタニズムとインターナショナリズムの違いを知って、国際法を武器にできたなら、世界史の真実をすっきりと見通すこともできますし、複雑でわかりにくいと感じる現代の国際社会の議論にもついていけるようになれます。

おわりに

「戦争は、この世で最も悲惨な出来事である」――本当だろうか。

伝統国際法における戦争の定義とは、宣戦布告で始まり講和条約発効で終わる主権国家間の儀式である。いわば、戦争とは主権国家間の決闘である。

宣戦布告を禁じた国際連合憲章により、一九四五年を以って決闘としての戦争は根絶された。では、人類は平和になったのだろうか。

戦争は根絶され、すべて紛争となった。決闘は根絶され、すべて喧嘩とリンチになった。結果。

戦いは、いつ始まりいつ終わるのか、平和と戦争のけじめがつかなくなった。誰と誰が味方で敵なのかわからなくなった。当然、中立の概念は曖昧になる。そして、戦闘員と非戦闘員の区別がつかなくなり、不必要な殺傷が増える。

思えば、真の意味での戦争は、第六章でも書いたように一六四八年から一九四五年までの徒花《あだばな》だったかもしれない。現代は戦争を根絶することによって、野蛮に回帰しているといえる。

われわれ日本人は、人類全体に対する罪を自覚すべきだろう。

われわれ大日本帝国は、世界史で最も模範的な文明国であった。しょせんはヨーロッパ公法にすぎなかったInternational Lawを、正しい意味での国際法とした。それにもかかわらず、世界大戦における愚かなふるまいにより、大国の地位から滑り落ちてしまった。それどころか、地球の地図に国名ではなく、単なる地名としてのみ残る小国に転落してしまった。

結果、人類は野蛮に回帰した。

大国日本なき世界の惨状を、われわれ日本人は懺悔すべきであろう。

二度と国策を誤ってはならない。そのためには、個々の日本人が賢くあらねばならない、と。

本書は思わぬ大著となった。そのため、私のアシスタントチームの倉山工房の山内智恵子さんと高橋聖子さんには相当の苦労をかけた。だが、彼女らの協力のおかげで自信作が生まれた。

本書を読むことにより、今まで私が過去の著作で何をいってきたか、改めて意味がわかる部分も多いと思う。ぜひ、読み直していただければと思う。

最後に、いつもながらPHP研究所の川上達史さんには、お世話になった。今回ほど常に先を見据えた戦略眼に舌を巻いたことはない。

重ねて、本書を世に出せることを感謝して筆をおきたい。

平成二十八年十月二十四日

倉山　満

PHP新書
PHP INTERFACE
http://www.php.co.jp/

倉山　満［くらやま・みつる］

1973年、香川県生まれ。憲政史研究家。1996年、中央大学文学部史学科を卒業後、同大学大学院文学研究科日本史学専攻博士後期課程単位取得満期退学。在学中より国士舘大学日本政教研究所非常勤研究員を務め、2015年まで日本国憲法を教える。2012年、コンテンツ配信サービス「倉山塾」を開講、翌年には「チャンネルくらら」を開局し、大日本帝国憲法や日本近現代史、政治外交について積極的に言論活動を展開している。近著に『日本人だけが知らない「本当の世界史」』『自民党の正体』『帝国憲法物語』（以上、PHP研究所）、『世界一わかりやすい地政学の本』（ヒカルランド）、『大間違いのアメリカ合衆国』（ベストセラーズ）など多数。

国際法で読み解く世界史の真実

PHP新書1071

二〇一六年十一月二十九日　第一版第一刷

著者――倉山　満
発行者――岡　修平
発行所――株式会社PHP研究所
東京本部――〒135-8137　江東区豊洲5-6-52
学芸出版部新書課　☎03-3520-9615（編集）
普及一部　☎03-3520-9630（販売）
京都本部――〒601-8411　京都市南区西九条北ノ内町11
組版――有限会社メディアネット
装幀者――芦澤泰偉＋児崎雅淑
印刷所
製本所――図書印刷株式会社

ISBN978-4-569-83204-3

ＰＨＰ新書刊行にあたって

「繁栄を通じて平和と幸福を」（PEACE and HAPPINESS through PROSPERITY）の願いのもと、ＰＨＰ研究所が創設されて今年で五十周年を迎えます。その歩みは、日本人が先の戦争を乗り越え、並々ならぬ努力を続けて、今日の繁栄を築き上げてきた軌跡に重なります。

しかし、平和で豊かな生活を手にした現在、多くの日本人は、自分が何のために生きているのか、どのように生きていきたいのかを、見失いつつあるように思われます。そして、その間にも、日本国内や世界のみならず地球規模での大きな変化が日々生起し、解決すべき問題となって私たちのもとに押し寄せてきます。

このような時代に人生の確かな価値を見出し、生きる喜びに満ちあふれた社会を実現するために、いま何が求められているのでしょうか。それは、先達が培ってきた知恵を紡ぎ直すこと、その上で自分たち一人一人がおかれた現実と進むべき未来について丹念に考えていくこと以外にはありません。

その営みは、単なる知識に終わらない深い思索へ、そしてよく生きるための哲学への旅でもあります。弊所が創設五十周年を迎えましたのを機に、ＰＨＰ新書を創刊し、この新たな旅を読者と共に歩んでいきたいと思っています。多くの読者の共感と支援を心よりお願いいたします。

一九九六年十月

ＰＨＰ研究所

［歴史］

［社会・教育］

602 「勉強しろ」と言わずに子供を勉強させる法 小林公夫
618 世界一幸福な国デンマークの暮らし方 千葉忠夫
621 コミュニケーション力を引き出す 平田オリザ／蓮行
632 あの演説はなぜ人を動かしたのか 川上徹也
681 スウェーデンはなぜ強いのか 北岡孝義
692 女性の幸福［仕事編］ 坂東眞理子
706 日本はスウェーデンになるべきか 高岡 望
720 格差と貧困のないデンマーク 千葉忠夫
741 本物の医師になれる人、なれない人 小林公夫
780 幸せな小国オランダの智慧 紺野 登
783 原発「危険神話」の崩壊 池田信夫
786 新聞・テレビはなぜ平気で「ウソ」をつくのか 上杉 隆
789 「勉強しろ」と言わずに子供を勉強させる言葉 小林公夫
819 日本のリアル 養老孟司
823 となりの闇社会 一橋文哉
828 ハッカーの手口 岡嶋裕史
832 スポーツの世界は学歴社会 橘木俊詔／齋藤隆志
847 子どもの問題 いかに解決するか 岡田尊司／魚住絹代
854 女子校力 杉浦由美子
857 大津中2いじめ自殺 共同通信大阪社会部
858 中学受験に失敗しない 高濱正伸
869 若者の取扱説明書 齋藤 孝
870 しなやかな仕事術 林 文子
875 コンクリート崩壊 溝渕利明
879 原発の正しい「やめさせ方」 石川和男
888 日本人はいつ日本が好きになったのか 竹田恒泰
896 著作権法がソーシャルメディアを殺す 城所岩生
897 生活保護vs子どもの貧困 大山典宏
909 じつは「おもてなし」がなっていない日本のホテル 桐山秀樹
915 覚えるだけの勉強をやめれば劇的に頭がよくなる 小川仁志
919 ウェブとはすなわち現実世界の未来図である 小林弘人
923 世界「比較貧困学」入門 石井光太
935 絶望のテレビ報道 安倍宏行
941 ゆとり世代の愛国心 税所篤快
950 僕たちは就職しなくてもいいのかもしれない 岡田斗司夫 FRREex
962 英語もできないノースキルの文系は これからどうすべきか 大石哲之
963 エボラvs人類 終わりなき戦い 岡田晴恵
969 進化する中国系犯罪集団 一橋文哉

［**地理・文化**］

264 「国民の祝日」の由来がわかる小事典　所　功
465・466 ［決定版］京都の寺社505を歩く（上・下）　山折哲雄／槇野　修
592 日本の曖昧《あいまい》力　呉　善花
639 世界カワイイ革命　櫻井孝昌
650 奈良の寺社150を歩く　山折哲雄／槇野　修
670 発酵食品の魔法の力　小泉武夫／石毛直道［編著］
705 日本はなぜ世界でいちばん人気があるのか　竹田恒泰
757 江戸東京の寺社609を歩く 下町・東郊編　山折哲雄／槇野　修
758 江戸東京の寺社609を歩く 山の手・西郊編　山折哲雄／槇野　修
845 鎌倉の寺社122を歩く　山折哲雄／槇野　修
877 日本が好きすぎる中国人女子　櫻井孝昌
889 京都早起き案内　麻生圭子
890 反日・愛国の由来　呉　善花
934 世界遺産にされて富士山は泣いている　野口　健
936 山折哲雄の新・四国遍路　山折哲雄
948 新・世界三大料理　神山典士［著］／中村勝宏、山本豊、辻芳樹［監修］
971 中国人はつらいよ――その悲惨と悦楽　大木　康

［**心理・精神医学**］

053 カウンセリング心理学入門　國分康孝
065 社会的ひきこもり　斎藤　環
103 生きていくことの意味　諸富祥彦
171 学ぶ意欲の心理学　市川伸一
304 パーソナリティ障害　岡田尊司
364 子どもの「心の病」を知る　岡田尊司
381 言いたいことが言えない人　加藤諦三
453 だれにでも「いい顔」をしてしまう人　加藤諦三
487 なぜ自信が持てないのか　根本橘夫
550 「うつ」になりやすい人　加藤諦三
583 だましの手口　西田公昭
695 大人のための精神分析入門　妙木浩之
697 統合失調症　岡田尊司
796 老後のイライラを捨てる技術　保坂　隆
825 事故がなくならない理由《わけ》　芳賀　繁
862 働く人のための精神医学　岡田尊司
867 「自分はこんなもんじゃない」の心理　榎本博明
895 他人を攻撃せずにはいられない人　片田珠美
910 がんばっているのに愛されない人　加藤諦三
918 「うつ」だと感じたら他人に甘えなさい　和田秀樹
942 話が長くなるお年寄りには理由《わけ》がある　増井幸恵

952 プライドが高くて迷惑な人　片田珠美
953 なぜ皮膚はかゆくなるのか　菊池　新
956 最新版「うつ」を治す　大野　裕
977 悩まずにはいられない人　加藤諦三
992 高学歴なのになぜ人とうまくいかないのか　加藤俊徳
1063 すぐ感情的になる人　片田珠美

［**文学・芸術**］
258 「芸術力」の磨きかた　林　望
343 ドラえもん学　横山泰行
415 本の読み方 スロー・リーディングの実践　平野啓一郎
421 「近代日本文学」の誕生　坪内祐三
497 すべては音楽から生まれる　茂木健一郎
519 團十郎の歌舞伎案内　市川團十郎
578 心と響き合う読書案内　小川洋子
581 ファッションから名画を読む　深井晃子
588 小説の読み方　平野啓一郎
731 フランス的クラシック生活
ルネ・マルタン［著］／高野麻衣［解説］
781 チャイコフスキーがなぜか好き　亀山郁夫
820 心に訊《き》く音楽、心に効く音楽　高橋幸宏
843 仲代達矢が語る 日本映画黄金時代　春日太一
905 美　福原義春
913 源静香は野比のび太と結婚するしかなかったのか　中川右介
916 乙女の絵画案内　和田彩花
949 肖像画で読み解くイギリス史　齊藤貴子
951 棒を振る人生　佐渡　裕
959 うるわしき戦後日本
ドナルド・キーン／堤　清二（辻井　喬）［著］
1009 アートは資本主義の行方を予言する　山本豊津
1021 至高の音楽　百田尚樹
1030 ジャズとエロス　牧山純子
1035 モネとジャポニスム　平松礼二
1038 山本周五郎で生きる悦びを知る　福田和也
1052 生きてるぜ！ ロックスターの健康長寿力　大森庸雄